Les filles de
grand galop

Bonnie Bryant est née et a grandi à New York. Elle y vit toujours, à Greenwich Village, avec ses deux fils. Elle est notamment l'auteur de la célèbre série Grand Galop, qu'elle a commencé à écrire en 1986.

Titre original
Pine Hollow n° 12
Back in the saddle

Loi n° 49 956 du 16 juillet 1949
sur les publications destinées à la jeunesse.
Dépôt légal : octobre 2014

ISBN : 978-2-7470-5012-8

Imprimé en Espagne par Novoprint

Les filles de grand galop

Championnes dans l'âme

Bonnie Bryant

Traduit de l'anglais (États-Unis)
par Anouk Journo-Durey

PREMIÈRE ÉDITION
bayard jeunesse

Un grand merci à Catherine Hapka,
qui m'a aidée à écrire ce livre.

Chapitre 1

– Merci, Steph ! C'est sympa de nous avoir accompagnés, dit Scott Forester en ôtant sa ceinture de sécurité.

Il ouvrit la portière et s'extirpa du siège arrière avec difficulté. Évidemment... La voiture de Steph était petite, et il mesurait plus d'un mètre quatre-vingt-cinq !

À son tour, Alex Lake sortit du véhicule.

– Ça va ? Tu n'as pas eu trop peur avec ma sœur au volant ? demanda-t-il à Scott d'un ton moqueur.

– Je n'osais pas l'avouer, mais puisque tu en parles...

Scott prit un air terrifié :

– Brrr... J'ai été mort de trouille !

Stéphanie Lake leva les yeux au ciel.

– Trop drôle…

– Pas de panique, je te taquine ! lança Scott. Steph, tu conduis super bien… Merci encore !

Et, emboîtant le pas à Alex, il se dirigea rapidement vers Fenton Hall. C'était un établissement privé, à l'ambiance plutôt sympa. Malgré tout, parfois, Steph regrettait de ne pas être scolarisée dans le lycée public que fréquentaient Lisa et Carole. Au moins aurait-elle pu retrouver ses meilleures amies à la récré !

Elle se tourna alors vers Callie Forester, la sœur de Scott, qui venait également de descendre de la voiture.

– Ils ont vraiment le sens de l'humour, ces deux-là ! marmonna-t-elle.

Lissant ses longs cheveux blonds d'un geste machinal, Callie ébaucha un sourire penaud.

– Ne fais pas attention à leurs blagues…

Et je l'ai aussi remarqué : lorsque Scott est avec Alex, il devient franchement bêtasse.

– Archibêtasse ! Enfin, tu as raison, oublions. C'est trop nul, de toute façon.

En soupirant, Steph ajouta :

– Dire qu'on n'a plus de vacances avant Noël ! Pendant Thanksgiving, je n'ai pas vu le temps passer.

– C'est toujours comme ça lorsqu'on n'a pas classe... On a l'impression que les journées sont dix fois trop courtes ! Bon, on y va ? poursuivit Callie avec une pointe d'impatience, en s'appuyant sur sa canne en bois.

Steph acquiesça d'un signe de tête distrait. Une fois de plus, les yeux fixés sur la canne de son amie, elle se remémorait l'accident.

C'était elle qui conduisait... Elle n'avait pas été jugée responsable mais des mois durant, elle s'était sentie terriblement fautive. Et pour cause... Callie, passagère ce jour-là, était restée paralysée. Des heures et des heures de travail ardu et de détermination lui avaient permis de recouvrer une certaine mobilité, et la semaine précédente, elle avait enfin réussi à se débarrasser des béquilles métalliques qu'elle détestait tant. Un miracle pour certains... Alors qu'en réalité, c'était le fruit d'efforts quotidiens, d'une persévérance acharnée et d'un optimisme encouragé par tous les professionnels de l'équitation que Callie connaissait. « Elle s'est battue comme une lionne », pensa Steph, admirative.

– Hou, hou !

Steph sursauta. En face d'elle, Callie lui adressait de grands signes.

– Retour sur la planète Terre !

– Pardon... J'étais sur Jupiter, dit Steph, s'efforçant de plaisanter. En fait, je pensais à tout ce qui s'est déroulé ces derniers temps, avoua-t-elle après une brève hésitation. Tu sais, je suis baba que tu marches déjà aussi bien.

– Merci. C'était un pari un peu dingue, mais je l'ai réussi…

En souriant, Callie précisa :

– Pendant que j'étais en vacances avec mes parents, je n'ai pratiquement jamais utilisé mes béquilles. Et je me sers de ma canne le moins souvent possible. Mes parents insistent pour que je la prenne au cas où je me fatiguerais…

Elle accrocha la poignée de la canne à la sangle de son sac à dos.

– Mais je ne sens jamais la fatigue ! J'ai toujours tellement d'énergie… Oh, Steph, maintenant que je peux de nouveau me servir de mes jambes normalement, j'ai hâte de reprendre les entraînements, confia-t-elle d'un ton exalté. Hier après-midi, dès que je suis rentrée de l'aéroport, j'ai appelé Max pour réserver Barq !

À l'expression réjouie que Callie affichait, Steph devina que Max Regnery, le propriétaire du Pin Creux, avait accepté de la laisser monter le cheval qu'elle désirait.

Callie méritait tous les encouragements possibles... Et Max avait toujours été le premier à la soutenir.

La plupart du temps, Callie ne s'épanchait guère. Elle était même restée assez discrète pendant ces derniers mois, pourtant si éprouvants. En secret, Steph pensait que pour Callie, ne pas pouvoir monter à cheval librement avait été encore plus dur que de ne pas être capable de marcher...

Callie avait bénéficié de nombreuses séances d'équitation thérapeutique dans le cadre de son programme de rééducation. Elle n'avait donc pas été coupée du monde hippique. Malgré tout, ce n'était pas comparable aux innombrables séances de galop ou de trot que la jeune fille s'offrait auparavant... D'autant qu'elle avait été championne d'endurance avant d'emménager à Willow Creek, en juin dernier. Callie adorait monter à cheval, d'où l'amitié très forte qui l'unissait à Steph, Carole et Lisa.

– C'est une bonne idée de te remettre en selle avec Barq, observa Steph. Oui, une très bonne idée… Et peut-être que bientôt, tu rechercheras un nouveau cheval de compétition ? Un cheval qui n'appartiendra qu'à toi ?

La gaffe…

Callie se rembrunit aussitôt. Le cheval qu'elle espérait acquérir avait perdu la vie lors du même accident qui l'avait laissée paralysée. « Et tout ça parce que j'étais au volant… Non, parce qu'on n'a pas eu de chance ! » rectifia Steph en son for intérieur. Encore aujourd'hui, elle avait du mal à ne pas se sentir responsable, fût-ce indirectement.

– Viens ! Je veux te voir marcher sans canne… En route pour le lycée ! insista-t-elle, enjouée, dans l'espoir de faire diversion.

Son petit stratagème ne fonctionna pas. Callie lui adressa même un regard soupçonneux.

– Depuis quand tu es aussi contente de retourner en classe ? Un lundi matin, en plus ? Après une longue semaine de vacances ?

Percevant une lueur moqueuse dans les yeux de Callie, Steph se mit à rire, soulagée. Son amie avait vite retrouvé sa bonne humeur.

– Hé, j'ai mes raisons... Comme tu n'étais pas là, tu ignores le dernier scoop ! La semaine dernière, je me suis lancée dans une fabuleuse carrière de journaliste... que j'ai l'intention de perfectionner au *Fenton Mag*, précisa-t-elle.

Callie l'observa avec étonnement et intérêt.

– Le journal du lycée ? Sérieusement ?

– Très sérieusement ! Ce qui explique ma motivation de ce lundi matin, conclut joyeusement Steph.

Callie hocha la tête.

– Je comprends mieux... Tu me racontes ce qui s'est passé ?

– C'est très simple ! Mes parents ont

enfin décidé qu'Alex et moi avions été suffisamment punis, expliqua Steph tandis qu'elles se dirigeaient vers l'entrée du lycée. Il était temps ! Quelle torture... Je te jure que j'ai savouré ma liberté ! Mais pas très longtemps. Lisa n'était pas là, toi non plus, et Carole n'avait pas le droit de mettre les pieds au Pin Creux...

– Elle, elle est toujours punie ?

– Hélas. Pas de bol pour elle... Oh, ça ne l'a pas empêchée de vivre une belle expérience. Elle a participé à un chantier avec des bénévoles de l'association Hope : elle a rénové un parc de jeux dans le quartier pauvre de Willow Creek, tu sais ? Ça lui a drôlement plu... Mais revenons-en à moi, poursuivit Steph avec enthousiasme. Je m'ennuyais mortellement, et par un concours de circonstances plutôt génial, j'ai aidé Deborah à mener une enquête...

– Deborah ? La femme de Max Regnery, qui est journaliste ?

– *Yes*. Et elle devait écrire un article à

propos d'une pension pour chevaux de compétition à la retraite. Or, elle n'avait pas l'impression que ce serait un sujet très passionnant. Moi, comme je ne savais pas quoi faire, je lui ai proposé de l'accompagner, et voilà !

– Elle a accepté ? s'étonna Callie.

– Bien sûr ! Même si j'ai dû insister... Mais tu me connais ! Lorsque j'ai une idée en tête, je m'accroche tel un pou dans la crinière d'Arizona. Que dis-je... Deux, trois, dix poux !

Callie pouffa de rire.

– Tu sais persévérer. C'est une qualité !

– Ou un défaut, répliqua Steph, mi-figue mi-raisin. Tout le monde n'a pas le même avis sur cette délicate et épineuse question ! En tout cas, pour l'enquête de Deborah, mon caractère de bourrique a été une qualité, aucun doute là-dessus ! Et grâce à mon flair infaillible, j'ai deviné que Mme Monroe, la propriétaire de la pension hippique, ne s'occupait pas bien des chevaux.

– Elle les maltraitait ? s'indigna Callie.

– Pas tout à fait, mais ça n'en était pas loin, avoua Steph. Elle ne les soignait pas comme il le fallait, elle ne leur donnait pas suffisamment à manger… Mais elle empochait l'argent ! Et elle se débrouillait toujours pour que les propriétaires de ses pensionnaires habitent loin, très loin de chez elle pour qu'ils ne puissent pas débarquer à l'improviste.

– Carrément ? La peau de vache… Tu as permis de déjouer son mauvais plan. Comment tu as fait ?

Steph sourit :

– Primo, je suis têtue comme une mule… Secundo, j'écoute mon intuition. Tertio, je connais très bien les chevaux, et je sais me rendre compte si un cheval est en forme ou non.

– Contrairement à Deborah…

– Qui a moins l'habitude que moi, c'est certain. Bref, on a mis fin au vilain manège de Mme Monroe… Waouh, super jeu de mots, tu as remarqué ? enchaîna Steph. C'était dans le titre de l'article. Et comme je l'ai vraiment aidée à écrire, Deborah a demandé à son rédacteur en chef de mentionner ma contribution. Du coup, j'ai co-signé cette enquête publiée dans le *Reporter* ! Et je suis devenue célèbre dans toute la région... Enfin, un peu célèbre.

Les yeux pétillants, Steph ajouta :

– Maintenant, je vais intégrer l'équipe du *Fenton Mag*.

– Avec l'expérience que tu as déjà, tu vas devenir une vedette ! s'exclama Callie. Félicitations...

– Merci !

Steph omit de préciser qu'elle devait encore franchir une étape décisive avant de faire officiellement partie du journal du lycée. Il fallait qu'on accepte sa candidature... Mais au fond d'elle-même, elle avait confiance. N'avait-elle pas déjà démontré ses compétences ?

Toutes deux s'engouffrèrent dans le hall de l'établissement. Callie marchait aussi rapidement que Steph !

– Je crois que je vais aller à la salle de rédaction, dit Steph en consultant sa montre. Je n'ai cours que dans une heure.

– Bonne chance, Steph. On se retrouvera peut-être à la cafétéria à midi ? Si tu es disponible, bien sûr… Une enquête, ça n'attend pas !

De nouveau, Steph se mit à rire. Elle éprouvait une surprenante exaltation à l'idée d'être journaliste en herbe… Grâce à son expérience de terrain en compagnie de Deborah, elle savait qu'elle possédait des atouts réels. Elle comptait bien en profiter.

– Merci, Callie. À tout à l'heure !

Et elle s'engagea d'un pas vif dans l'escalier qui menait au premier étage. Direction la salle de rédaction…

Direction « aventure et nouvelles missions » !

En chemin, elle croisa Veronica Angelo, qui la toisa d'un air moqueur :

– Hé, miss Lake, tu es bien pressée pour un lundi de rentrée !

Steph s'immobilisa net. Elle connaissait Veronica, alias « la Crâneuse de service », depuis plusieurs années. Issue d'une riche famille, Veronica montait également au Pin Creux, mais uniquement des chevaux de propriétaires. Récemment, elle s'était détournée de l'équitation parce qu'elle nourrissait des préoccupations bien plus importantes : séduire des garçons, de préférence aussi aisés qu'elle. Tant mieux... Du coup, Steph la voyait moins !

– Bonjour, Veronica. As-tu passé de bonnes vacances ? ajouta Steph, adoptant un ton extrêmement poli, exprès.

Veronica glissa sa main aux doigts manucurés dans sa longue chevelure brillante.

– Excellentes. Je suis allée à la piscine, j'ai fait du shopping tous les jours... Et j'ai pris un verre avec Nicole Adams, qui m'a raconté à quel point elle s'entend bien avec ton frère Alex... Génial, non?

Steph fronça les sourcils. Effectivement, Nicole – une bonne amie de Veronica –, était venue au Pin Creux, alors qu'elle ne montait plus à cheval depuis longtemps. Effectivement, Nicole avait repéré Alex, esseulé à cause du départ de Lisa en Californie... Et effectivement, Alex s'était montré très sympa avec Nicole. Trop sympa, sans doute. Ravissante, Nicole jouait les femmes fatales, et Alex avait dû être sensible à son charme. Steph n'en avait pas soufflé mot à Lisa pour ne pas l'inquiéter, et sans doute avait-elle eu raison...

Si Veronica ne s'en mêlait pas.

– Qu'est-ce qui est génial?

– À ton avis? répliqua Veronica, une lueur de malice au fond des yeux. J'adore voir les couples se faire, se défaire...

– Même pas en rêve, rétorqua Steph,

comprenant aussitôt l'allusion. Mon frère est dingue de Lisa, et Nicole n'y changera rien ! Sur ce, je te laisse. J'ai des choses plus importantes à faire.

Et sans rien ajouter, elle poursuivit son chemin, tête haute. Pourquoi cette fille continuait-elle à l'exaspérer autant ? C'était quand même incroyable ! Depuis le temps, elle aurait dû être immunisée face aux provocations de Veronica Angelo !

Mais sa colère s'évanouit dès qu'elle eut franchi le seuil de la salle de rédaction du *Fenton Mag*. D'un regard, Steph embrassa la pièce : les ordinateurs disposés sur plusieurs tables, les deux imprimantes, la bibliothèque remplie d'ouvrages et de magazines... Au mur étaient accrochées plusieurs « unes » du journal qui paraissait deux fois par mois. Il n'y avait personne ce matin-là... sauf Jennifer Cruz, la jeune rédactrice en chef. C'était une brillante élève de terminale, Steph le savait.

– Bonjour ! Tu cherches quelqu'un ? demanda Jennifer.

Elle était aussi brune que Steph était blonde. Une lueur chaleureuse se reflétait dans ses prunelles noisette.

– Oui, toi ! Je suis Stéphanie Lake, et...

– Oh, j'ai entendu parler de toi ! La fameuse Stéphanie Lake qui a travaillé avec Deborah Regnery ! Ravie de te connaître.

Steph ébaucha un sourire, presque intimidée. Voilà qui ne lui ressemblait pas ! Mais Jennifer l'impressionnait.

– Merci. Moi aussi. En fait, je suis là parce que je voudrais faire partie de l'équipe du journal. Si c'était possible...

– Pourquoi pas, dit Jennifer d'un ton amical. Le *Fenton Mag* a toujours besoin de bénévoles... Reviens à midi pour qu'on en discute, si tu veux bien.

– Pas de problème.

Steph se sentait un peu déçue d'être obligée d'attendre encore trois longues heures avant de savoir si sa candidature intéressait Jennifer et les autres membres de la rédaction. Mais telle était la règle. Intégrer le *Fenton Mag*, tout le monde en rêvait ! Mais rares étaient les heureux élus…

Chapitre 2

Ce même lundi matin, Carole Hanson retrouvait ses camarades au lycée public de Willow Creek. Mais elle avait l'impression d'avoir une pierre dans l'estomac, et de ployer sous la fatigue.

Sans doute parce qu'elle n'avait pas passé de vraies vacances, se répéta-t-elle pour se rassurer. Après tout, elle avait dû participer à un rude chantier de rénovation. En compagnie d'une dizaine de bénévoles, elle avait travaillé d'arrache-pied afin de réhabiliter un parc et une aire de jeux pour enfants. Cette mission, elle avait été obligée de l'accepter : c'était un accord entre son père, le colonel Hanson, et Mme Durbin, le proviseur du lycée. Un accord, un arrangement à l'amiable… Presque un cadeau compte tenu de ce qui s'était produit.

En effet, Carole avait triché lors d'un examen scolaire quelque temps auparavant… Au lieu de la sanctionner gravement – par exemple, en la renvoyant provisoirement de l'établissement –, Mme Durbin lui avait proposé d'intégrer le groupe de l'association Hope, qu'elle dirigeait. Évidemment, Carole avait accepté… Avait-elle le choix ?

Finalement, cette punition s'était avérée très… intéressante. Carole avait découvert un nouveau monde, et rencontré des gens formidables. Elle n'avait donc aucun regret, bien au contraire… Elle éprouvait même de la reconnaissance vis-à-vis de Mme Durbin.

Mais il restait l'autre pan de la sanction, le plus dur à supporter : l'interdiction de se rendre librement au Pin Creux. En ce début du mois de décembre, Carole restait encore privée d'équitation jusqu'au 1er janvier. Privée de Diablo, son cheval bien-aimé, mais aussi de tous les autres chevaux qu'elle adorait au club hippique... Privée de ce qu'elle aimait le plus dans sa vie. Sans chevaux autour d'elle, avec elle, la jeune fille avait le sentiment de dépérir... Son moral basculait souvent, et la déprime la guettait.

Ce qui ne l'empêchait pas de garder un merveilleux souvenir de son expérience avec les volontaires de Hope : des personnes de tout âge, qui aimaient secourir les autres. Elle-même s'était sentie moins égoïste, plus utile... Surtout quand elle avait découvert les enfants qui vivaient dans le quartier pauvre où ils œuvraient. Une fillette brune, aux grands yeux noirs, l'avait marquée... Une certaine Zani qui devait être apparentée à Ben Marlow...

Chassant la nostalgie qui l'envahissait, Carole se dirigea vers le hall du lycée, déjà grouillant de monde.

– Coucou ! lança une voix claire et joyeuse, très familière.

Se retournant, Carole aperçut Lisa qui, d'un pas vif, la rejoignait. Elle souriait, paraissant plus épanouie que jamais. Les deux amies ne s'étaient pas revues depuis un bon moment, puisque pendant les vacances, Lisa était partie en Californie. Elle y avait retrouvé son père, Evelyn – la jeune femme qu'il avait épousée –, et Lily, leur petite fille, qui était donc la toute jeune demi-sœur de Lisa.

– Salut ! Tu as bonne mine ! s'exclama Carole en lui faisant la bise.

– Toi aussi !

– Merci…

Lisa l'observa avec attention, et hocha la tête :

– Et pourtant, mon petit doigt me souffle que tu n'as pas trop le moral.

– On ne peut rien te cacher, dit Carole, étonnée par la perspicacité de Lisa.

En même temps, toutes deux se connaissaient depuis si longtemps…

– Comment l'as-tu deviné ? demanda-t-elle malgré tout.

– Ton regard... Il est ailleurs, comme lorsque tu rêves de Diablo.

– Oh... Il me manque trop, avoua Carole.

Elle soupira :

– Je déteste me plaindre, mais là, franchement, j'en ai marre d'être privée d'équitation à cause de ce maudit contrôle d'histoire que j'ai raté.

« Parce que j'ai triché pour essayer d'avoir une bonne note », rectifia-t-elle intérieurement.

– Je te comprends, dit Lisa en hochant la tête. C'est une punition qui commence à être vraiment lourde... Tu n'as pas réussi à amadouer ton père ? Steph m'a expliqué que tu as travaillé pendant les vacances avec l'association Hope, et que tu as été félicitée par Mme Durbin !

– Ça ne rend pas papa plus indulgent, marmonna Carole. Il est juste un peu moins désagréable avec moi, c'est tout. Mais changeons de sujet. Raconte-moi ce que toi, tu as fait !

Elle ignorait tout de la vie de Lisa ces derniers temps puisque, pour accentuer la sanction, son père lui avait également interdit de téléphoner à ses amies. Quand M. Hanson se fâchait, ce n'était pas à moitié !

– Hum… Disons que ça a été très mouvementé, confia Lisa. Il faut que je résume la situation sinon, j'en aurai pour des heures… Donc en deux mots : mon père et Evelyn, ma belle-mère, vont très bien. Lily, ma petite sœur, aussi. Et j'ai revu Peter, mon grand frère… qui est marié avec Greta, qui a deux enfants ! Un garçon, Dieter, qui a sept ans, et une fille, Hanni, un peu plus jeune. Steph est au courant parce que je l'ai appelée, mais comme je n'avais pas le droit de te contacter, eh bien…

– Je sais. On se rattrape maintenant ! ajouta Carole en s'efforçant de sourire. De toute façon, je n'ai parlé avec personne de la bande pendant les vacances, sauf avec les bénévoles de l'association Hope.

« La bande »... C'était ainsi que désormais, Lisa, Steph et Carole appelaient le cercle d'amis qui s'était créé autour du fameux club du Grand Galop. Alex Lake, le frère de Steph et petit ami de Lisa, en faisait partie, de même que Phil, le petit copain de Steph, Callie et Scott Forester... Et d'autres jeunes gens, pour la plupart cavaliers au Pin Creux.

– Toi aussi tu as des choses à me raconter ! observa Lisa d'un air ravi.

– Plein... C'était super.

Lisa la dévisagea avec curiosité.

– Super ?

– Oui. Une super expérience.

Carole ne put s'empêcher de rire. Elle imaginait la raison de la stupeur éprouvée par Lisa. En général, mis à part les chevaux, rien n'intéressait Carole ! C'était de notoriété publique...

– J'ai appris qu'aider les humains, c'est

merveilleux... J'ai appris que monter à cheval, c'est un privilège, un luxe dont on ne se rend même pas compte... J'ai appris qu'il y a des enfants dans cette ville qui n'ont pas de jouets, ni de quoi manger correctement à chaque repas, poursuivit Carole. Ça m'a fait réfléchir. Et même si je râle parce que je ne peux pas aller au Pin Creux, je sais que ce n'est pas dramatique...

Elle marqua une pause et, avec une petite grimace, précisa :

– Du moins, pas complètement.

À son tour, Lisa se mit à rire.

– Si ce n'est pas un virage à cent quatre-vingt-dix degrés, ça !

– N'exagérons rien, s'esclaffa Carole. Diablo et le Pin Creux me manquent, mais je me rends compte que ce n'est pas la fin du monde. En plus, je vais sûrement participer à un nouveau chantier de bénévolat avec la même association. Cette fois, on va rénover un refuge pour animaux.

– Super…

– Oui. Et j'ai hâte de m'y mettre. En principe, je retrouve le groupe de Hope samedi. Dis donc, qu'est-ce que je suis contente de te revoir ! enchaîna-t-elle, consciente qu'elle se sentait de bonne humeur, alors qu'une demi-heure plus tôt, elle avait le moral à zéro. Tu m'as manqué !

Lisa sourit.

– Toi aussi. J'ai beaucoup pensé à toi… À propos, hier j'ai revu Steph au Pin Creux. Tu lui manques également ! Ce serait bien qu'on puisse se retrouver toutes les trois chez Sweetie, pour manger une bonne glace… Même si on est en décembre !

– J'adorerais…

Mais Carole se demanda quand cet amical rendez-vous pourrait se concrétiser. Steph serait très occupée à Fenton Hall puisqu'elle projetait de travailler pour le journal du lycée. Lisa, qui était en terminale, préparait déjà des examens spéciaux afin d'entrer à l'université l'année suivante. Oui, décidément, le club du Grand Galop n'existait plus que dans leurs souvenirs...

– Autre grande nouvelle : ma mère et Rafe ont rompu, annonça Lisa, tirant Carole de ses réflexions. Enfin, petite précision : c'est Rafe qui a laissé tomber maman.

– Aïe... Elle ne déprime pas trop ? s'inquiéta Carole, qui connaissait bien Mme Atwood.

– Si. Elle est triste comme une tombe. J'aurais préféré que ce soit elle qui rompe, pas lui... Elle aurait gardé la tête haute.

Compatissante, Carole esquissa une moue. Après vingt-sept ans de mariage, les parents de Lisa avaient divorcé. Le père de Lisa avait refait sa vie, mais Mme Atwood – qui continuait d'ailleurs à porter le nom de son ex-mari –, avait plongé dans une sérieuse dépression. Jusqu'à ce qu'elle rencontre Rafe, un homme plus jeune qu'elle... Lisa n'avait pas du tout apprécié cette nouvelle relation, mais elle n'en avait pas moins laissé sa mère vivre sa vie.

– Elle s'en remettra, assura Carole. Les histoires de cœur, ce n'est jamais très grave.

Toutefois, en prononçant ces mots, elle douta de sa sincérité. L'image de Ben Marlow, le jeune et beau palefrenier du Pin Creux, surgit fugitivement à son esprit. Tous deux s'entendaient bien, très bien même... Ils partageaient la même passion pour les chevaux. Ben possédait le talent de « chuchoteur », ce qui émerveillait Carole...

Au fil du temps, elle s'était sentie de plus en plus attirée par ce garçon pas comme les autres. Puis, une fois, Ben l'avait embrassée avec une incroyable tendresse. Sauf que depuis ce jour, il agissait comme s'il ne la connaissait plus ! Il se montrait froid, distant, indifférent... C'était à n'y rien comprendre.

Pendant qu'elle travaillait avec les bénévoles de Hope, Carole avait rencontré une fillette de quatre ans, Zani, visiblement très liée au jeune homme. Car Ben vivait dans le quartier défavorisé de Willow Creek. Mais il semblait en avoir honte... La semaine précédente, il était venu chercher la petite Zani au parc que Carole et ses nouveaux amis réaménageaient. Mais il ne s'était pas attardé pour parler avec Carole. Il l'avait brièvement saluée, et s'était aussitôt éclipsé. Carole avait fini par penser que tout compte fait, Ben n'était pas si sympathique que ça... Très bien, comme lui, elle jouerait le jeu de l'indifférence ! Elle ne s'intéresserait plus à lui, voilà...

Mais cette décision lui serrait le cœur.

À ce moment-là, la sonnerie retentit, annonçant le début des cours.

– Au fait, Alex et toi ? demanda-t-elle, refoulant la tristesse qui menaçait de l'envahir. Ça va ?

Contre toute attente, Lisa fronça les sourcils, l'air embarrassé.

– Oui et non. Oh, on s'aime toujours,

c'est sûr, dit-elle. J'ai revu Alex hier, et... Écoute, je te raconterai une autre fois. Là, on doit y aller !

– Tu as raison, répondit Carole, intriguée par la réaction de son amie. Alors bonne matinée.

– Merci. Toi aussi... Et concentre-toi ! ajouta Lisa d'un air entendu. Tu n'as plus le droit d'avoir de mauvaises notes, maintenant.

– Hum... J'ai compris. Promis, je ferai très attention !

Puis Carole sourit. Elle était sincère... La leçon avait porté ses fruits. Dorénavant, elle le savait : pour continuer à fréquenter le Pin Creux, à vivre sa passion, elle devait se rappeler qu'il n'y avait pas que les chevaux dans la vie... Un redoutable défi ! Mais elle ne se ferait plus jamais réprimander, plus jamais punir... Quoi qu'il lui en coûte, elle remplirait toutes les conditions nécessaires afin d'avoir le droit – et la chance... – de monter à cheval jour après jour.

Chapitre 3

– Et naturellement, lorsqu'on est journaliste, on doit toujours vérifier ses informations, poursuivit Jennifer d'un ton catégorique. Il est important d'avoir des sources fiables, tu comprends ?

– Bien sûr, répondit Steph en se demandant si la rédactrice en chef entendait les gargouillements de son ventre.

Elle mourait de faim… Dès la fin de son dernier cours, elle s'était précipitée dans la salle de rédaction, puisqu'elle avait rendez-vous avec Jennifer.

Sauf que l'entretien s'éternisait… Jennifer, passionnée, avait mille et un conseils à prodiguer… Ça n'en finissait plus. Il était presque 13 heures, et Steph se demandait si elle aurait le temps de déjeuner avant de retourner en classe.

– Alors ? Toujours motivée ? demanda Jennifer, en scrutant Steph d'un air perplexe.

– Oui, absolument ! C'est juste que... Enfin, excuse-moi, je suis affamée, avoua Steph, franche comme toujours.

– Pardon ?

– Je dévorerais une cuisse de dinosaure ! plaisanta Steph. J'ai très peu mangé ce matin, et là, hum...

Jennifer éclata de rire.

– Message reçu. Je te libère dans une minute. Avant qu'on se sépare, tu as des questions ?

– Je ne crois pas. Si je résume tout ce que tu m'as expliqué : le *Fenton Mag* compte quinze journalistes en tout, dont six qui écrivent chacun un « papier », à remettre le jeudi soir au plus tard. Le jeudi de la semaine de parution, précisa Steph, puisque le journal paraît un vendredi sur deux. Le choix des sujets s'effectue le lundi, pendant la conférence de rédaction, à 18 heures précises, sauf exception. Le *Fenton Mag* comporte six rubriques principales : actualités du lycée, événements sportifs, littérature, cinéma, musique, et divers. Dans cette dernière rubrique, on a la possibilité d'écrire ce qu'on veut… Enfin, ce qui nous intéresse. Moi, par exemple, je pourrais parler du monde hippique : chevaux, cavaliers, équitation, tenue d'équitation, concours…

Un large sourire s'épanouit sur le visage de Jennifer.

– Pourquoi pas… Mais un autre thème va bientôt passionner notre équipe.

Notre ? Cela signifiait que dorénavant, elle était intégrée ! pensa Steph avec joie. C'était génial !

– Lequel ? demanda-t-elle, consciente de rayonner de bonheur.

Jennifer adopta le ton de la confidence :

– C'est un scoop. Les classes de première et terminale vont étudier le mariage : sa signification, sa portée symbolique, le rituel, l'engagement… C'est un projet de sociologie, qui sera réalisé en cours d'histoire. Les profs veulent ajouter un côté pratique à cette étude, précisa-t-elle, les yeux brillants. Par conséquent, ils ont décidé que les recherches seront menées par équipes mixtes.

– Quoi ? Ce sera hyper galère ! s'exclama Steph spontanément.

Jennifer se mit à rire.

– J'ai réagi comme toi quand la directrice m'en a parlé… Mais tout compte fait, on devrait plutôt bien rigoler. Mme Fenton a créé des listes de partenaires en tenant compte des caractères de chacun. Le but sera d'effectuer des recherches à la bibliothèque ensemble, tout en notant les problèmes qu'on rencontre avec son ou sa partenaire.

– Quel genre de problèmes ? Excuse-moi, mais je ne saisis pas très bien…

– Numéro un : la compatibilité ! souligna Jennifer. Chaque élève devra se poser les questions suivantes : « Suis-je capable de m'entendre avec lui, ou elle ? Quelles sont mes limites ? Quelle concession dois-je faire pour que le projet avance malgré nos différences ? »

– Je vois. Il faudra s'interroger et répondre à ces questions…

– Avec autant d'honnêteté que possible, renchérit Jennifer avec enthousiasme. Ensuite, les participants s'interrogeront sur leur rivalité potentielle, sur leur sens du partage… Certaines personnes n'aiment pas partager les informations qu'elles dénichent, tu sais ?

– Euh… oui.

Steph trouvait le projet aussi compliqué qu'ambitieux, mais non dénué d'intérêt. « Il n'y a que dans un lycée privé qu'on peut se permettre de faire ce genre d'expérience ! » songea-t-elle.

– J’imagine que Mme Fenton a également prévu une sorte de questionnaire type pour chaque équipe ?

– Non, mais on peut le lui suggérer, dit Jennifer. Il suffira de le remplir au fur et à mesure. Bien vu !

Steph sourit, soulagée d’avoir réussi à montrer qu’elle pouvait s’adapter. La flexibilité était une qualité essentielle chez un bon journaliste.

– Et je vais participer à l’enquête, moi aussi ? s’inquiéta-t-elle.

– Eh bien… oui. Comme moi, tu sais. Mme Fenton et son assistante vont afficher les listes dans le couloir, près du secrétariat.

Steph secoua la tête.

– J’aurai peut-être du mal à être au four et au moulin ! Si je commence à travailler pour le *Fenton Mag* tout en étant obligée d’enquêter à deux sur le mariage… En plus, il faut s’auto-analyser et observer son partenaire en permanence… Dur !

– Pour nous, les journalistes, ce sera un double défi, admit Jennifer. On va couvrir l'événement tout en participant au projet. Bon, Steph, si ça t'intéresse, tu peux tenter ta chance... Enfin, ta plume !

– Et si j'écrivais plutôt sur les chevaux ? proposa Steph, qui n'était que moyennement emballée par cette première mission.

– Peut-être pas pour le prochain numéro, répondit Jennifer d'un air désolé. N'oublie pas qu'un journaliste doit savoir ouvrir les yeux sur le monde ! Il doit affiner son regard, sa façon d'observer les gens, la réalité...

– Autrement dit, je ne dois pas me contenter de ma passion pour les chevaux, c'est ça ? compléta Steph d'un ton légèrement moqueur.

– Hum... oui.

Les deux jeunes filles s'observèrent un moment. Puis Steph soupira :

– Pas de problème. Je veux bien être l'envoyée spéciale du *Fenton Mag* pour ce sujet palpitant… En étant à la fois cobaye et observatrice !

– Super, dit Jennifer en souriant. Sache qu'il y aura d'autres journalistes sur le coup, bien sûr. Sauf qu'on ne publiera que trois articles, les meilleurs.

– Seulement trois ? Alors qu'on sera très nombreux sur le terrain pour enquêter ?

– Eh oui… C'est la règle. Le maximum d'investigations, d'observations, de descriptions… Ensuite, en conférence de rédaction, on sélectionne ceux qui ont écrit les « papiers » les plus passionnants : la richesse des témoignages, leur originalité, le style, le point de vue du journaliste… Bref, tout ce qui accrochera le lecteur et lui donnera envie de parcourir l'article de A à Z.

Steph hocha la tête. Cette fois, ça la motivait. Elle adorait gagner !

– Je suis partante.

Le sourire aux lèvres, Jennifer lui tendit la main :

– Tope là… Bienvenue au *Fenton Mag* !

Steph lui tapa dans la paume. Oui, à la réflexion, ce premier défi l'enthousiasmait. Elle questionnerait ses camarades… Elle noterait leurs humeurs, leurs réactions – positives ou négatives –, durant ce projet… Même si cela s'écartait du monde des chevaux, elle apprendrait sûrement beaucoup sur les ficelles du journalisme ! N'était-ce pas l'essentiel ?

Ravie, la jeune fille se dirigea vers la cafétéria. Elle s'acheta un sandwich, et retrouva Callie et Scott Forester, attablés avec des camarades de première et terminale que Steph ne connaissait que de vue.

– Salut, tout le monde ! Bon appétit…

Callie l'observa d'un air amusé.

– Hum… Tu as les yeux qui pétillent, toi ! Tu as une bonne nouvelle ?

– Plutôt, oui !

Steph ne put s'empêcher de rire.

– C'est officiel : je fais partie de la rédaction du *Fenton Mag*.

Callie, Scott et leurs amis applaudirent.

– Bravo ! dit Scott. Sur quoi Miss Lake compte-t-elle nous interviewer ?

– Vous le saurez en temps et en heure, répondit Steph, volontairement mystérieuse.

Par prudence, elle préférait ne pas divulguer le projet de Mme Fenton. « C'est ça, être une bonne journaliste, se félicita-t-elle intérieurement. Je ne parle que de ce dont je suis sûre ! » Et dans l'immédiat, elle ne possédait aucune certitude. Jennifer lui avait mentionné ce scoop... Qui, pour l'instant, n'était pas confirmé ! Mieux valait attendre que Mme Fenton elle-même ait affiché ce curieux programme... qui, sans aucun doute, provoquerait quelques remous au lycée !

Chapitre 4

Mardi, sitôt les cours terminés, Lisa se précipita au Pin Creux. Elle avait rendez-vous avec Alex…

Un rendez-vous un peu spécial. Elle n'en avait soufflé mot à personne, au cas où. Soudain, elle se sentait si peu sûre d'elle… Mais elle ne pouvait plus reculer. Alex l'attendait.

Dans le vestiaire du club hippique, le jeune homme enfilait ses bottes d'équitation. Dès qu'il vit Lisa, son visage s'illumina :

– Salut ! Tu es trop jolie, toi !

Il y avait d'autres jeunes gens dans la pièce, mais Lisa les remarqua à peine : elle était tout entière concentrée sur son petit ami. Depuis son retour de Californie, une préoccupation revenait sans cesse à son esprit : réussir à renouer réellement avec Alex. Ils s'aimaient fort tous les deux, et pourtant, quelque chose clochait…

Aujourd'hui, elle espérait parler franchement avec lui… Afin qu'il n'y ait plus de malentendu gênant, source de malaise et de non-dit. Alex lui avait tant manqué pendant son séjour chez son père… Il ne s'en doutait peut-être pas ! Il lui suffirait peut-être de le rassurer pour que tout soit de nouveau comme avant.

Lisa s'approcha et embrassa Alex.

– Merci… Tu es craquant, toi aussi, tu le sais ?

– Non. Mais si tu me le dis…

– Je le dis ! Sinon, tu es prêt pour notre petite balade ?

– Oui, dit-il sans la quitter des yeux.

– Super. Moi, je n'en ai que pour une minute.

Lisa fouilla dans son casier et récupéra ses gants d'hiver. En ce début décembre, le soleil brillait encore, mais l'air fraîchissait de plus en plus.

– Tu vas bien? demanda soudain Alex. Tu as l'air un peu inquiète… Ah, je parie que c'est à cause de ta mère.

Lisa lui sourit. Elle avait vraiment de la chance d'avoir un petit copain aussi attentionné. Si seulement…

– Gagné. Maman déprime de nouveau. Elle est en arrêt de travail pour quelques jours parce qu'elle a besoin de réfléchir, de se reposer… Bref, retour à la case départ.

– Elle a consulté un médecin?

– Je crois. Elle est suivie par un psychologue depuis son divorce. Ce n'est pas marrant… Parlons d'autre chose! poursuivit Lisa en gagnant la sellerie.

Elle inspira avec bonheur l'odeur imprégnée de cuir et de savon qui régnait dans la pièce.

– Tu sais, Alex, dès que je suis ici, je me sens bien, avoua-t-elle. Et j'oublie tout. Les problèmes de mes parents, l'école, les études… Tout !

Elle prit le filet et la selle de Paky, la jument alezane qu'elle aimait monter depuis que Prancer n'était plus là.

– Sortons vite, ajouta-t-elle.

– OK.

Quelques minutes plus tard, Alex et Lisa quittaient le club hippique. Ils traversèrent lentement la cour, et gagnèrent la petite route du Pin Creux. Alex montait Chip, l'un de ses chevaux préférés : un appaloosa calme et très stable. Contrairement à Lisa, il n'était pas un cavalier expérimenté.

– Regarde qui arrive ! lança Lisa en montrant une voiture de sport vert foncé qui se garait sur le parking.

– C'est Scott, répondit Alex. Il n'y a que lui pour conduire un bolide pareil.

– Tu as raison. Mais il est prudent… Je

pense qu'il est venu chercher Callie. Depuis qu'elle marche pratiquement sans béquilles, elle monte à cheval tous les jours ! Elle est vraiment mordue... Autant que Carole, je pense. Mais d'une manière différente.

– Callie est plus intéressée par la compétition, non ?

– Oui. Gagner, c'est son truc. Carole aime concourir, mais ce n'est pas forcément son dada !

– Beau jeu de mots, s'esclaffa Alex.

Tous deux trottaient à présent à travers la vaste prairie qui longeait le Pin Creux. Il faisait froid, et d'agréables senteurs hivernales imprégnaient l'air : un mélange de terre humide, de champignons, de feuillages... De nouveau, Lisa prit une profonde inspiration. Quel contraste entre ce paysage et celui de la côte du Pacifique où elle se trouvait quarante-huit heures auparavant ! Là-bas, le soleil brillait presque toute l'année sur une mer turquoise frangée de sable blond.

C’était idyllique, le paradis sur terre… Mais Lisa ne regrettait pas d’être rentrée en Virginie.

– À quoi tu penses ? demanda Alex.

– À nous…

– C’est vrai, ce mensonge ?

Lisa se força à rire.

– Ce n’est pas un mensonge ! Je suis contente d’être ici, de faire du cheval avec toi… Je décompresse pour de bon !

– C’était si stressant que ça, chez ton père ?

– Oui et non…

Et Lisa entreprit de lui raconter en détail tout ce qu’elle avait vécu dans ce qu’elle appelait sa « deuxième famille », là-bas, à des milliers de kilomètres de Willow Creek. Puis, naturellement, elle évoqua sa rencontre avec Skye Ransom[1].

– Il est devenu un acteur célèbre, confia-t-elle. Quel succès…

---

1. Voir *Missions secrètes*, n° 10 de la série.

– Et tu n'es pas tombée amoureuse de lui ? C'est vraiment bizarre, marmonna Alex.

Lisa sentit sa gorge se nouer.

– Pas du tout... Puisque c'est toi que j'aime.

– C'est ce que tu dis... Mais quand tu étais en face de ce séducteur de première, tu pensais réellement à moi ? demanda Alex d'un ton agressif.

« Oh, non, pas ça... Il me refait une scène de jalousie ! » pensa Lisa, atterrée.

C'était justement ce qu'elle redoutait. Justement ce qui, entre Alex et elle, ne collait plus. Depuis quelque temps, il se montrait jaloux pour un oui, pour un non...

– Alex, tu te trompes...

Mais le visage de son petit ami était sombre, crispé, et l'ambiance de leur promenade gâchée.

***

Les clés de sa voiture dans le creux de la main, Steph courut allègrement vers les écuries du Pin Creux. Le centre équestre était tranquille, comme chaque mardi de l'année scolaire, en fin d'après-midi. La plupart des cavaliers habituels se trouvaient en classe… Elle avait de la chance d'être libre !

Les pas de la jeune fille résonnèrent sur le sol du hall d'entrée. Après avoir jeté un rapide coup d'œil à l'intérieur du vestiaire, vide, Steph s'engouffra dans la sellerie. Elle tomba sur Ben Marlow, qui était en train de balayer.

– Salut, Ben ! Tu as vu les autres ?

– Les autres ? répéta Ben d'un air déconcerté, comme s'il ne savait pas de qui parlait Steph.

– Lisa, Alex ou Callie, énonça Steph en réprimant un soupir exaspéré.

Elle aurait parié que Ben le faisait exprès. Il était de plus en plus renfermé, taciturne, limite désagréable. Mais en présence des chevaux, c'était un tout autre garçon. Il souriait, bavardait... Il chuchotait de tendres secrets à l'oreille de chaque cheval... «Je ne le connais pas assez pour oser lui dire qu'il finira par devenir misanthrope, et que ce n'est pas cool du tout...», songea-t-elle.

– Lisa et Alex sont partis en balade, marmonna Ben sans la regarder. Callie est en reprise. Elle en a encore pour un moment.

Les sourcils froncés, il ajouta:

– Si ça t'intéresse de voir son frère...

– Scott est ici?

– Je ne sais plus comment il s'appelle. Il est dans le petit pré qui est derrière le Pin Creux.

– OK. Merci, Ben. À plus tard.

Steph s'éloigna hâtivement. Elle savait que Ben n'appréciait pas Scott Forester... Et ça se sentait! On n'aurait pu trouver deux garçons plus dissemblables. Scott était tout le contraire de Ben: il était ouvert, allait vers les autres, plaisantait sans cesse, organisait des fêtes… Bref, il était très populaire. Steph l'aimait bien, Scott… Même si, par moments, elle le trouvait un peu crâneur ! Et il lui paraissait d'autant plus sympa qu'il accompagnait régulièrement Callie au Pin Creux ; ensuite, il revenait la chercher. Un frère modèle, non ?

– Bonjour, monsieur ! lança-t-elle avec humour, en s'approchant de Scott qui était en train d'admirer sa sœur à cheval.

– Bonjour, mademoiselle, répondit Scott.

Il lui adressa un sourire amical.

– Tu viens assister aux progrès foudroyants de la championne des championnes ?

– Bien sûr, répondit Steph. Je ne manquerais ça pour rien au monde.

Callie chevauchait Barq et, lançant sa monture au galop, elle éclata de rire, visiblement folle de joie.

– Salut, Steph !

– Concentre-toi ! intervint aussitôt Max, qui ne la quittait pas des yeux. N'oublie pas que tu es débutante !

– Débutante ? Moi ? s'exclama Callie avec indignation. Vous plaisantez ?

– Hum… C'est une façon de parler, souligna gentiment Max. Tu as été en rééducation pendant plusieurs semaines, me semble-t-il… Donc tu as forcément des réflexes moins rapides, même si tu es une excellente cavalière !

Steph et Scott échangèrent un coup d'œil. Ils n'avaient pas perdu un mot de cet échange entre Callie et Max.

– Elle a du caractère, dit Steph en riant sous cape.

– Mauvais caractère, rectifia Scott d'un ton moqueur. Callie veut toujours aller plus vite que la musique…

– Elle est trop impatiente, c'est vrai. En même temps, je la comprends, poursuivit Steph. Elle a été paralysée, et maintenant, elle redécouvre le bonheur de bouger librement… Ce n'est pas rien !

– Eh oui…

Scott hocha la tête, une lueur compatissante au fond des yeux.

– Ce n'est pas rien du tout. Pour Callie, le cheval représente tant... Bientôt, elle aura sûrement envie de se trouver un nouveau cheval de compétition.

– Pour reprendre l'entraînement en endurance, j'imagine ?

– Bien sûr. C'est sa spécialité. Quand on a emménagé dans la région, nos parents lui avaient quasiment promis de lui acheter un cheval. Ils avaient loué Fez, tu te souviens ?

Steph fit signe que oui. Malgré elle, sa gorge se noua, et une image surgit comme un flash dans sa mémoire. L'accident de voiture... Fez blessé... Fez agonisant...

– Le passé est le passé, dit alors Scott, devinant les pensées de la jeune fille. Les regrets sont stériles... Et Callie est tournée vers l'avenir, aujourd'hui.

Steph se contenta de sourire, partagée entre la tristesse et le soulagement.

– Elle a l'intention de mettre la main sur un as, précisa Scott. Et crois-moi, le cheval qu'elle dénichera coûtera sans doute aussi cher que ma voiture, si ce n'est plus !

À ces mots, Steph ne put s'empêcher d'éprouver une pointe de jalousie. Ses parents étaient tous deux avocats, dotés d'une solide réputation, et elle savait que comparée à de nombreuses autres personnes, elle était chanceuse. Après tout, elle possédait déjà son propre cheval, Arizona. Elle vivait dans une belle maison, avec une piscine et un beau jardin. Mais avec un fils aîné à l'université, et deux autres enfants – Steph et Alex – qui entameraient bientôt leurs études supérieures, M. et Mme Lake devaient surveiller leur budget. En revanche, la famille de Scott et Callie était extrêmement riche. Ils habitaient le même quartier résidentiel que Steph, mais leur train de vie n'avait rien de comparable.

– Un bon cheval vaut toujours une fortune, commenta-t-elle simplement. À ton avis, Callie va bientôt reprendre la compétition ?

Scott esquissa une moue.

– Depuis l'accident, elle ne fait que surmonter obstacle après obstacle, et relever des défis impossibles. Les concours, à côté, sont plutôt réjouissants, non ? Et quand ma frangine a quelque chose en tête…

Il n'acheva pas sa phrase, mais Steph devina la suite. Callie était l'une des filles les plus farouchement déterminées qu'elle connaissait. En selle, elle était une championne dans l'âme… Presque invincible ! D'ailleurs, c'est ce qui était dangereux, pour elle. Les limites, elle les repoussait toujours un peu plus.

– Je suis heureuse qu'elle monte de nouveau comme avant, murmura-t-elle, les yeux rivés sur Callie qui faisait trottiner Barq. Elle le mérite…

– Oui, elle peut savourer sa victoire, dit

Scott. Elle aurait pu se retrouver en fauteuil roulant jusqu'à la fin de ses jours.

– Mais ce n'est pas le cas. Elle a eu une bonne étoile ! Enfin, nous avons tous eu une bonne étoile, rectifia Steph en se remémorant de nouveau le drame[2].

Un frisson glacial l'envahit. Pour changer de sujet, elle se lança dans une description enthousiaste de son projet avec le *Fenton Mag*…

---

2. Voir *Accident de parcours*, n° 1 de la série.

Chapitre 5

Dès que la reprise s'acheva, Callie ramena Barq aux écuries. Un sourire radieux s'épanouissait sur ses lèvres.

Tout en la rejoignant, Steph remarqua que Max avait l'air ravi, lui aussi. Elle le comprenait ! À force de persévérance, et grâce à sa passion pour l'équitation, Callie venait réellement de réussir une extraordinaire prouesse. Elle montait de nouveau à cheval comme avant, ou presque... À la regarder, nul ne se serait douté qu'elle était restée paralysée pendant plusieurs mois. Pour Max, qui avait encouragé l'équithérapie dont avait bénéficié Callie, c'était un merveilleux dénouement.

– Chapeau, dit-elle à Callie. J'en parlais avec Scott : tu es une championne.

– Une ex-championne, rectifia Callie. J'ai perdu en technique.

– Sois un peu tolérante vis-à-vis de toi-même ! protesta Steph. Tu as à peine lâché tes béquilles que déjà, tu voudrais galoper comme si de rien n'était ?

Callie lui adressa un coup d'œil étonnamment perçant.

– Oui. Comme si de rien n'était, insista-t-elle.

– Scott a raison. Tu as un sacré caractère, pouffa Steph. Quel est ton programme, maintenant ?

– Je vais rester avec mes amis chevaux pendant un petit moment… J'ai besoin de mieux connaître les pensionnaires du Pin Creux, avoua Callie.

– Tu recherches ton futur champion, c'est ça ? demanda Steph, en se souvenant de ce que Scott lui avait confié.

– Peut-être… J'aimerais acheter un cheval un de ces jours, mais quand ? Mystère…

Callie sourit de nouveau.

– Pour l'instant, je voudrais juste savoir qui je peux monter pour m'entraîner. J'aimerais reprendre l'endurance. Et si tu restais avec moi un petit peu ? proposa-t-elle brusquement.

Les yeux brillants, elle ajouta :

– Tu pourrais me parler des chevaux que tu préfères…

– Je te préviens, il y en a beaucoup ! Et souviens-toi que dans une heure, on a rendez-vous chez Sweetie avec Alex, Lisa et ton frère.

– « On » ? Désolée, mais moi, je ne viendrai pas, répliqua Callie. Je dois garder la ligne, suivre un régime de sportive… Donc m'empiffrer, ce n'est pas mon truc !

Steph arqua un sourcil moqueur.

– Tu crois que c'est le but ? On a plutôt envie de se détendre, de rigoler entre nous…

– Je sais, Steph, je sais !

Callie haussa les épaules d'un air désemparé.

– J'ai peut-être tout simplement besoin de me retrouver seule, avoua-t-elle après une brève hésitation. J'ai enfin l'impression d'être de nouveau une cavalière normale, et…

– Tu es une cavalière normale. Ce n'est pas qu'une impression… Et je te comprends, affirma Steph.

Callie la dévisagea longuement.

– Super. Bon, là, je vais panser Barq…

– Eh bien, je t'attends. Ensuite, on ira rendre visite à nos amis chevaux.

– Génial, dit Callie en souriant. Je me dépêche…

Steph la suivit des yeux tandis qu'elle menait Barq dans son box. Décidément, Callie n'était pas une cavalière comme les autres… Et c'était pour cette raison que Lisa, Carole et elle l'aimaient autant !

***

À peine vingt-cinq minutes plus tard, Callie retrouva Steph dans la sellerie.

– Et voilà, Barq est tout propre, annonça-t-elle.

– Tu as vraiment été rapide !

– Je retournerai peut-être le voir tout à l'heure...

– Avec quelques morceaux de carottes ou de pommes, j'imagine ?

– Les deux !

En riant, elles empruntèrent l'allée centrale des écuries. À droite et à gauche, dans leur box, les chevaux – des doubles poneys pour la plupart – étaient paisibles. Certains somnolaient déjà, mais quelques-uns sortirent leur belle tête par-dessus la porte, le regard curieux.

– Si tu savais comme Karachi me manque, murmura Callie en ralentissant le pas.

– Karachi ?

– Le cheval que je montais quand je

vivais en Californie… Mon cheval. Un pur-sang arabe magnifique… Il avait un instinct fabuleux ! Il trouvait toujours le meilleur chemin, où que l'on soit. Ses sabots étaient solides comme de la pierre… Jamais ils ne se fendillaient, tu te rends compte ? Et il adorait gagner.

– Comme toi…

– Oui.

Callie ébaucha un sourire.

– On s'entendait bien, Karachi et moi. Et tu vois, je ne suis pas sûre que Barq soit à la hauteur. Je l'ai monté, et je sens déjà ses limites même si c'est un cheval arabe, lui aussi.

– C'est la meilleure race pour l'endurance, paraît-il…

– La meilleure, oui. À l'origine, ils viennent du désert, d'où leur incroyable capacité de résistance. Ils ont une peau épaisse, de gros vaisseaux sanguins… Du coup, ils sont capables de rafraîchir rapidement la température de leur corps, par exemple. En plus, ils ont une ossature plutôt légère, et une de ces puissances…

– Je sais. Ce sont des chevaux spéciaux. Mais ils le sont tous à leur manière, non ? ajouta Steph tandis qu'elles passaient devant le box d'Arizona, sa propre jument.

– Arizona est forcément très particulière, dit Callie d'un ton amical. Elle te ressemble…

– Sans blague ?

Amusée, Steph caressa le toupet d'Arizona qui les observait, une lueur intense au fond de ses grands yeux bruns.

– C'est un demi-sang arabe. Ce qui explique sa force et sa vivacité ! Oui, oui, tu es une sacrée coquine, ajouta-t-elle en grattant affectueusement le cou de sa jument. Et je t'adore !

Callie se mit à rire.

– Ah, on les aime, nos chevaux… Peut-être un peu trop ? Parfois, je m'interroge.

Mais c'est une passion à vie... Ah, voilà Diablo, dit-elle en s'arrêtant devant un superbe cheval bai.

– Le cheval bien-aimé de Carole... Pour l'instant, c'est Rachel qui le monte, précisa Steph. Elle est jeune, Rachel, mais elle sait s'y prendre avec Diablo. Elle a un bon feeling.

– C'est vrai. Elle ira loin...

Les deux amies continuèrent à longer les boxes.

– J'aime beaucoup Comanche, dit Callie en s'immobilisant devant un hongre alezan au regard empli de curiosité. Il est vif... Mais quand il trotte, il manque de stabilité. Donc je ne peux pas le prendre pour de l'endurance.

– En plus, il est âgé... Comanche a une bonne dizaine d'années, fit remarquer Steph.

Elle caressa le nez du cheval avec tendresse.

– Salut, Comanche… Eh non, tu n'es pas l'élu de Callie !

Pendant le quart d'heure suivant, les jeunes filles poursuivirent leur visite. Elles allèrent voir Congo, qui était plus jeune que Comanche mais trop lourd compte tenu de ce que souhaitait entreprendre Callie. Ensuite, elles passèrent devant Flamme, un hongre pur sang qui, durant sa jeunesse, avait été champion de saut d'obstacles. Mais il était également un peu trop âgé pour que Callie le choisisse pour son entraînement. Quant à Windsor, il était splendide, majestueux même… Mais il était un parfait cheval de manège pour des cavaliers de niveau moyen.

Callie soupira :

– Je ne sais toujours pas lequel choisir… Aucun ne correspond tout à fait à ce que je recherche.

– C'est normal. Avant de venir habiter à Willow Creek, tu avais le cheval de tes rêves…, observa gentiment Steph.

– C'est sûr. Et celui que j'espérais avoir ici est... mort.

Elle lâcha un autre soupir, et Steph sentit son cœur se serrer. Chaque fois qu'on évoquait le drame qui avait coûté la vie à Fez, elle avait envie de pleurer.

– Pour l'instant, il n'y a que Barq qui me convienne, reprit Callie. Il faut que je m'en contente.

Que je m'en contente ?

Soudain, malgré elle, Steph n'apprécia pas cette manière de s'exprimer. Callie avait l'habitude d'obtenir tout, absolument tout ce qu'elle désirait !

– Barq est génial, répliqua-t-elle d'un ton un peu abrupt. C'est un pur-sang arabe, ni trop jeune ni trop âgé, à ta disposition quand tu veux. C'est déjà pas mal, non ?

Callie la regarda avec attention, plissant les yeux comme si elle était agacée par cette réflexion. Puis elle sourit avec franchise.

– Oui, c'est déjà pas mal... Mieux encore,

c'est fantastique ! J'ai de la chance, je ne m'en rends pas toujours compte ! Merci de me le rappeler…

Hochant la tête, Steph répondit à son sourire.

– Les vraies amies se disent toujours la vérité !

Chapitre 6

– Dommage que Callie n'ait pas voulu venir, dit Lisa en consultant le menu que la serveuse venait de lui tendre. Mais bon, elle a préféré rester au Pin Creux…

En fin d'après-midi, après avoir monté au Pin Creux, elle avait retrouvé Alex, Steph et Scott chez Sweetie, leur salon de thé et glacier préféré.

– Glace du jour : trio de chocolats, pépites de cacao, mousse de citron et crème Chantilly, lut-elle à haute voix. C'est ce qu'elle préfère !

– Moi aussi ! s'exclama Steph. Miam, mille fois miam ! J'aimerais juste qu'on me serve un quatuor de chocolat à la place du trio…

Tout le monde éclata de rire.

– Personnellement, je meurs de faim, avoua Lisa. Cette balade avec Alex m'a ouvert l'appétit ! J'aurais presque préféré qu'on aille manger une pizza… Ça m'aurait réchauffée. On dirait que dehors, il gèle !

En réalité, et bien qu'il fasse nettement plus froid dehors – mois de décembre oblige ! –, c'était elle qui frissonnait. Elle avait le moral à moins dix… à cause de sa dispute avec Alex. Il lui avait fait une scène de jalousie, et elle s'était rebiffée, s'offusquant qu'il doute d'elle à ce point… Maintenant, Alex souriait, plaisantant comme s'il ne s'était rien passé. Sauf qu'elle-même n'avait pas oublié. Et elle lui en voulait beaucoup.

– Temps glacial, temps à glace, énonça Scott, pince-sans-rire. Même en plein hiver, je reste mordu de pêche melba, poire belle-hélène, banana split et autres délices glacés qui fondent sous le palais !

– Moi aussi, renchérit Alex. Même si, comme Lisa, j'ai super faim !

– Hé, tu n'es pas mon frère jumeau pour rien ! observa Steph, les yeux pétil?lants de malice. En général, on a un appétit d'ogre.

– Oh, toi, je parie que tu te régalerais d'une pizza congelée ! lui lança Lisa. Des goûts et des couleurs, hein…

Et après avoir commandé chacun une glace, les quatre amis continuèrent à échanger des plaisanteries pendant un bon moment. Puis, brusquement, Steph déclara d'un air ennuyé :

– Si seulement Carole n'était plus punie… J'en ai assez qu'elle ne soit jamais avec nous. Callie, c'est différent… Elle avait besoin de tranquillité. Mais Carole… Et si on essayait d'amadouer son père ?

Lisa écarquilla les yeux.

– Tu rêves ! Il était colonel, et même à la retraite, il reste colonel jusqu'au bout des ongles ! Pour lui, les ordres sont les ordres… Il a décidé de priver Carole d'équitation jusqu'au 1er janvier, et il ne changera pas d'avis.

– Oui, mais…

Steph secoua la tête en soupirant.

– Tu as raison. Ça ne servirait à rien. Grrr… Ce n'est pas drôle.

– C'est la vie, Steph, intervint Alex. Patience, patience… Bientôt, Carole pourra revenir au Pin Creux, et tout redeviendra comme avant.

Lisa échangea un rapide coup d'œil avec Steph. Au fond d'elle-même, elle n'était pas sûre que son petit ami eût raison… Mais elle préféra taire ses doutes.

Et un autre doute s'immisçait en elle. Alex était si jaloux… Réussirait-elle à le supporter ? Plus la soirée s'écoulait, moins elle en était certaine. Quelque chose s'était brisé en elle. Et cette fois, même avec son plus beau sourire, Alex ne parviendrait pas à recoller les morceaux.

***

Quand Carole rentra du lycée ce même mardi après-midi, son père l'attendait, assis sur le canapé du salon. Un peu surprise – en général, M. Hanson arrivait plus tard –, la jeune fille se prépara à recevoir une mauvaise nouvelle. Entre son père et elle, les relations étaient si tendues ces derniers temps !

Mais M. Hanson souriait...

– Bonjour, ma chérie !

– Bonjour, papa.

Elle l'embrassa sur la joue, et le regarda, interloquée.

– Tu vas bien ?

– Ah, oui ! Très bien ! Grâce à toi, ma petite Carole.

– Grâce à moi ? répéta Carole, stupéfaite.

Son père se leva et alla prendre une enveloppe sur le buffet. Il en extirpa une feuille pliée en deux que Carole reconnut immédiatement. C'était son bulletin scolaire provisoire, c'est-à-dire l'évaluation intermédiaire exigée par Mme Durbin et M. Hanson après ce que tous appelaient dorénavant l'« incident de parcours » : ses mauvaises notes en septembre et octobre, et le fait qu'elle eût triché en contrôle d'histoire.

Carole avala péniblement sa salive. En même temps, songea-t-elle, si son père affichait cet air réjoui, c'est que ses résultats n'étaient pas trop catastrophiques...

– Mais oui, ça va mieux ! assura alors son père, devinant ses pensées inquiètes. Et même beaucoup mieux ! Tu as bien progressé, ma fille.

– C'est vrai ?

Le sourire aux lèvres, M. Hanson parcourut le document envoyé par le lycée.

– Oui, c'est vrai. Tu as une moyenne générale de 16 sur 20, ce qui est tout à fait correct.

Carole sentit son cœur battre plus vite.

– C'est même très honorable, ajouta M. Hanson. Du coup, j'ai l'intention de marquer le coup. Un petit encouragement te sera bénéfique, n'est-ce pas ?

– Oui, c'est sûr..., balbutia-t-elle.

– Tu as fourni un réel effort, ce qui mérite récompense.

La jeune fille eut l'impression d'être saisie de vertige. Une *récompense* ? Depuis quand son père n'avait-il pas prononcé ce mot ?

– Tu n'en reviens pas, hmmm ? poursuivit M. Hanson, visiblement ému. Je suis toujours si sévère avec toi... Qui aime bien châtie bien, ne l'oublie pas.

– Je ne l'oublie pas, papa, dit sagement Carole, qui contenait difficilement son impatience.

– Bref, j'ai décidé d'adoucir un peu ma sanction, reprit M. Hanson. À partir de maintenant, tu peux retourner au Pin Creux.

Carole en resta bouche bée. Soudain, elle avait le sentiment étrange d'être catapultée sur une autre planète où son plus beau rêve se réalisait !

– Je peux retourner au Pin Creux ? balbutia-t-elle. Je peux vraiment retour…

Son père leva une main pour l'interrompre :

– Ne t'emballe pas, ma fille. J'accepte, mais à certaines conditions. Tu n'auras pas le droit d'y rester autant de temps qu'avant. Par conséquent, tu ne retravailleras pas là-bas, du moins pour l'instant. Tu t'y rendras simplement pour monter… comme les autres cavaliers ! Et je refuse que tu y ailles chaque jour. Disons trois ou quatre fois par semaine, et pas plus de deux heures d'affilée, entendu ?

On était bien loin des quatre ou cinq heures que Carole passait au centre équestre presque chaque jour avant sa punition… Et des dix heures de présence les week-ends, ou pendant les vacances ! Malgré tout, aux yeux de la jeune fille, cette proposition relevait du miracle.

– Merci ! s'écria-t-elle.

Elle se jeta dans les bras de son père.

– Merci, merci, merci !

– De rien, ma chérie. J'essaie d'être juste avec toi. Surtout, ne t'endors pas sur tes lauriers, recommanda M. Hanson, une lueur d'indulgence au fond du regard. Continue à obtenir de bonnes notes au lycée, et tout ira bien.

– Oui, papa.

Carole était prête à dire « oui, papa » à tout ! Du moment qu'elle pouvait monter à cheval, retrouver Diablo et les autres…

– À partir de quand puis-je y aller ?

– Où ?

Quelle question !

– Au Pin Creux, papa ! s'exclama-t-elle en riant.

– Maintenant, si tu veux… Mais pas plus de deux heures, compris ?

– Oui ! Youpi !

Bondissant littéralement de joie, Carole planta un baïser sonore sur la joue de son père, et fila…

Chapitre 7

Une demi-heure plus tard, Carole arrivait au Pin Creux… Le cœur battant, elle fonça vers les écuries. Elle avait l'impression de ne pas y être venue depuis des siècles.

Elle poussa la porte de bois, l'ouvrit complètement et resta figée sur place pendant un long moment, comme hypnotisée. Elle huma l'air qui sentait les chevaux, la paille… Une odeur qu'elle adorait. « Je n'y crois pas ! songea-t-elle, les larmes aux yeux. Je suis enfin de retour ! »

– Qui est là ? lança une voix masculine empreinte d'autorité. Il ne faut pas laisser le froid entrer !

– Pardon…

Aussitôt, Carole se glissa à l'intérieur.

Clignant des paupières, elle fit volte-face et sourit.

– Bonjour, Max.

– Carole ! Que fais-tu ici ? s'exclama Max avec stupeur.

– Ma punition a été atténuée... J'ai de nouveau le droit de monter ! expliqua-t-elle.

Et en quelques mots, elle résuma la proposition de son père.

– Excellente nouvelle, dit Max en souriant. Je te félicite d'avoir bien travaillé au lycée. Et je suis ravi de te revoir parmi nous. En revanche, je regrette que tu ne puisses pas reprendre ton travail...

– Moi aussi, je suis déçue d'être obligée d'attendre encore...

Carole hocha la tête, la gorge nouée.

– Mon père a été catégorique. Je ne dois pas passer plus de deux heures par jour ici.

– C'est définitif ?

– Oh, non ! Jusqu'au 1er janvier. Ce sera long, soupira-t-elle.

Max ébaucha un sourire compatissant.

– Sois patiente. Et si ça peut te rassurer, je n'ai trouvé personne pour te remplacer. J'ai reçu deux candidats qui paraissent motivés et compétents, et un autre se présente en fin de semaine, mais...

En haussant les épaules, il ajouta :

– À mon avis, je ne recruterai personne avant début janvier.

Carole le regarda en silence, secrètement soulagée. En théorie, elle aurait le droit de travailler de nouveau au Pin Creux à partir de ce moment-là. Elle aidait Ben, le palefrenier, mais également Denise, à l'accueil du club hippique. Tout cela lui permettait d'apprendre les ficelles du métier tout en pratiquant l'équitation. Plus tard, elle voulait être vétérinaire, ou peut-être dirigerait-elle son propre centre équestre... Avec un peu de chance, et beaucoup de persévérance, ce serait possible !

– Mais ne perds pas de temps à bavarder

avec moi, reprit Max. Va vite retrouver Diablo ! Rachel est justement en train de le monter dans le manège.

Carole ne se fit pas prier. Elle remercia Max et courut aussitôt vers la carrière couverte. « Diablo, Diablo, me revoilà... » pensa-t-elle, folle de bonheur à l'idée de revoir enfin son cheval bien-aimé.

En s'approchant du manège, elle perçut le bruit des sabots qui foulaient le sol. Joyeuse, elle s'engouffra dans l'arène :

– Surprise !

Juchée sur Diablo, qu'elle faisait trotter, Rachel lui adressa un sourire à la fois étonné et réjoui.

– Waouh, Carole ! C'est génial que tu sois là ! Tu as vu comme il est beau ? ajouta la fillette en montrant Diablo.

Émue, Carole se contenta de sourire, les yeux rivés sur son cheval. La robe baie de Diablo brillait, lustrée avec soin. Quand il aperçut sa jeune maîtresse, le cheval s'ébroua mais il ne ralentit pas la cadence pour autant. Obéissant, il attendait le signal de sa cavalière. Rachel tira sur les rênes pour l'immobiliser, et aussitôt, Carole s'approcha.

– Bonjour, toi, murmura-t-elle, enlaçant l'encolure de son cheval. Tu m'as tellement, tellement manqué ! Tu ne peux pas savoir à quel point...

Elle ne put s'empêcher de poser sa joue contre celle de Diablo, qui souffla avec douceur comme pour l'accueillir. Bouleversée par ce signe d'amitié, Carole le regarda, plongeant dans le brun chaud et profond de ses grands yeux. Comme elle l'aimait !

– J'ai l'impression que vous êtes super contents de vous retrouver, tous les deux, observa Rachel en mettant pied à terre.

– Tu ne peux imaginer ce que je ressens ! Rachel...

Carole reporta son attention sur la fillette et, spontanément, lui fit une grosse bise.

– Merci un milliard de fois… Tu t'es si bien occupée de Diablo ! Qu'aurais-je fait sans toi ?

Rachel rougit de plaisir.

– Tu sais, ça m'a drôlement plu de le panser, de le nourrir, de veiller sur lui, de le monter… Diablo m'a appris plein de choses. Ben aussi, poursuivit-elle. Au début, j'avais peur de ne pas être à la hauteur, mais il m'a donné de bons conseils. Du coup, je me suis sentie plus sûre de moi.

– Pour toi, c'était une lourde responsabilité de soigner Diablo toute seule, admit Carole. Il faudra que je remercie Ben…

– Justement, il est là !

Rachel jeta un coup d'œil derrière Carole. Celle-ci sentit instantanément son pouls s'accélérer. Elle se retourna. Le jeune palefrenier se tenait à l'entrée du manège, le visage sombre comme toujours.

– Salut ! lança-t-elle poliment, espérant dissimuler son trouble.

Dès qu'elle voyait Ben, elle se rappelait ce qui s'était passé entre eux. Leur baiser… Et cette indifférence qu'il lui témoignait depuis. C'était un séduisant jeune homme brun, « un beau ténébreux » commentaient certaines cavalières, attirées par l'énigmatique palefrenier du Pin Creux. Sauf que Ben les ignorait toutes, même les plus jolies.

– Salut, Carole, répondit-il d'un ton bref.

– Merci d'avoir aidé Rachel à s'occuper de Diablo…

– De rien. J'ai du boulot, ajouta-t-il en tournant les talons.

– Mais… tu devais me faire travailler le déplacement latéral ! protesta Rachel.

– Demande à Carole ! lui lança Ben sans s'arrêter.

Et il quitta le manège.

Stupéfaite, Rachel dévisagea Carole en silence. La déception se lisait sur son visage.

– Pourquoi il réagit comme ça ? Il m'avait promis…

– Ne cherche pas à comprendre, conseilla Carole à voix basse.

Elle était partagée entre la frustration et l'indignation. De toute évidence, Ben avait agi de la sorte parce qu'elle était là… C'était à cause d'elle qu'il s'était montré aussi désagréable avec Rachel !

– OK, moi, je vais t'aider à…

– Hors de question, l'interrompit Rachel en retrouvant le sourire. Tu as quelque chose de beaucoup plus important à faire.

Elle lui tendit les rênes de Diablo :

– Tiens. Il est à toi.

– Termine ta séance avec lui ! insista Carole, gênée.

Mais Rachel secoua la tête d'un air décidé.

– Jamais de la vie. Diablo est ton cheval, et si tu es venue ici, c'est pour le monter, pas vrai ?

Carole hésita. D'un côté, elle voulait se comporter poliment, et laisser Rachel finir ce qu'elle avait commencé. En même temps, elle avait du mal à résister...

– Tu as raison, avoua-t-elle finalement.

Elle prit les rênes et sourit à Rachel.

– Merci.

– De rien.

Soudain impatiente, Carole glissa le pied dans l'étrier et se hissa sur Diablo. Un profond sentiment d'exaltation l'enveloppa tandis qu'elle retrouvait le contact de son cheval.

– À nous deux, mon Diablo adoré ! murmura-t-elle. Au pas...

Tout à sa joie, elle s'aperçut de justesse que Rachel quittait le manège en lui adressant un petit signe amical.

– Merci encore, Rachel ! Je te revaudrai ça... Allez, Diablo, au trot, reprit-elle, folle de bonheur.

Si elle s'était écoutée, elle l'aurait immédiatement lancé au galop !

Chapitre 8

Mercredi après-midi, Lisa resta sagement chez elle à relire ses dossiers afin de rédiger un commentaire composé pour son cours d'histoire. Dire que l'année suivante, elle serait étudiante à l'université ! Il fallait qu'elle se prépare à travailler davantage encore…

Mais là, impossible de se concentrer. Dehors, le soleil brillait et le ciel restait d'un bleu azur qui invitait à prendre l'air. Il régnait un froid sec, propice aux longues promenades à cheval à travers les bois, les prairies des alentours… Où était Alex en ce moment ? se demanda-t-elle. Et si elle l'appelait ? En même temps, curieusement, elle n'avait pas trop envie de le revoir. À vrai dire, elle ne savait plus trop où elle en était avec lui. Depuis cette scène de jalousie…

La sonnerie du téléphone interrompit ses réflexions. Lisa décrocha aussitôt :

– Allô ?

– Salut ! C'est moi, énonça une voix féminine, très enjouée.

– Bonjour, Steph !

Fidèle à elle-même, son amie ne se présentait pas. De toute façon, Lisa l'aurait reconnue entre mille.

– Je te dérange ?

– Pas du tout. Même si je devrais te répondre le contraire ! avoua Lisa en riant. Je suis censée faire mes devoirs. J'en ai des tonnes… Sauf que je n'ai pas trop la tête à ça.

– C'est dur, la rentrée, hein ? Surtout pour toi qui reviens des plages paradisiaques de Californie…

– Ce n'est ça qui me pose problème, répliqua Lisa. Je suis contente d'être à la maison. Ça me fait plaisir de vous retrouver, Carole, Callie et toi… Et de revoir Alex !

– Vous êtes toujours amoureux ? demanda Steph.

– Quelle question !

– C'est la question du jour. D'autant que j'ai un scoop à t'annoncer…

– Ton grand frère se marie ? plaisanta Lisa.

– Ha, ha, ha ! Trop drôle.

– Ça pourrait arriver. Le mien l'a fait, souligna Lisa.

– Oui, je sais. Les sentiments, les ententes et mésententes, les coups de cœur et les peines de cœur… Ça va et ça vient !

Lisa fronça les sourcils.

– Depuis quand ça t'intéresse à ce point ?

– Depuis que je dois étudier le mariage sous toutes ses coutures… comme tous les élèves qui sont en première et terminale à Fenton Hall ! expliqua Steph.

– C'est vrai ?

– Vrai de vrai. Mme Fenton, notre directrice, a annoncé le projet tout à l'heure. On travaille par équipes filles-garçons, obligatoirement. On doit effectuer des recherches à la bibliothèque sur l'histoire du mariage, et en même temps, on doit noter tout ce qui colle – ou ne colle pas – avec notre partenaire ! Ensuite, on se retrouve en atelier, pendant la classe : on partage les infos qu'on a trouvées, et on raconte comme la collaboration s'est déroulée.

– Carrément ? Quel projet... C'est super intéressant, estima Lisa. Et original.

– Mouais. Original et compliqué. Je te garantis que l'ambiance est plutôt effervescente, à Fenton Hall. Autre scoop : j'ai intégré l'équipe du *Fenton Mag*, et je couvre l'événement. Le problème, c'est que je suis à la fois cobaye, puisque j'ai un partenaire, et observatrice vu que je suis journaliste.

– Tu vas t'interviewer toi-même ? s'esclaffa Lisa.

– Presque… Je ne sais pas encore comment je vais me débrouiller, confia Steph. Mais je ne m'affole pas. C'est une expérience, et ça me plaît ! Troisième scoop de la journée : tu ne devineras jamais qui je viens de croiser au Pin Creux.

– Aucune idée… Tu me dis ?

– Carole !

– Sans blague ? Elle n'est plus punie ?

Steph se mit à rire.

– Disons qu'elle est *moins* punie. Comme elle a réussi à obtenir des notes correctes ces derniers temps, son père a un peu relâché la pression. Elle a l'autorisation de monter à cheval, mais elle ne peut toujours pas reprendre son travail au club.

– C'est mieux que rien ! s'exclama Lisa. Elle qui ne supporte pas de vivre sans chevaux autour d'elle… Oh, c'est trop génial ! Et si on se retrouvait toutes les trois pour une grande virée avec Paky, Diablo et Arizona ?

– Brillantissime ! Quand ? Aujourd'hui ? Maintenant ? s'enthousiasma Steph. À mon avis, Carole est toujours au club ! J'ai dû filer parce que je devais acheter un livre, mais je peux retourner au Pin Creux illico presto.

– Et moi, je vous y rejoins à la vitesse de l'éclair !

– Alors, à tout de suite…

Lisa raccrocha en riant toute seule. Heureusement que Steph avait appelé ! Elle n'était vraiment pas d'humeur à rester cloîtrée tout l'après-midi… Et la perspective de passer un bon moment avec ses deux meilleures amies l'enchantait. C'était pile poil ce dont elle avait besoin pour retrouver un moral d'acier !

Elle s'apprêtait à quitter sa chambre quand son téléphone sonna de nouveau.

– Allô ?

– Tu me manques…

C'était Alex.

Lisa sentit son cœur se serrer. De nouveau, elle se rendait compte que quelque chose avait changé entre eux. Cette fois, elle n'avait même pas envie de bavarder avec Alex !

– Bonjour. Comment ça va? demanda-t-elle poliment.

– Bien. Et je suis libre comme le vent !

Comme s'il sentait que Lisa ne l'accueillait pas à bras ouverts, il se racla la gorge et ajouta :

– Et si on se voyait ?

Lisa retint un soupir. Elle devait rejoindre Steph et Carole au Pin Creux, et elle tenait à ce rendez-vous. Ce serait la première fois depuis longtemps qu'elles seraient ensemble.

– C'est que… j'ai prévu d'aller au club.

– Bon, je te rejoindrai là-bas. Tu y seras dans combien de temps ? demanda-t-il.

La conversation devenait gênante. Il fallait qu'elle soit plus claire.

– J'y vais maintenant. Seule, avoua-t-elle.

– Seule ? Tu veux dire… sans moi ?

– Ne le prends pas mal, insista Lisa, de plus en plus mal à l'aise. Carole a enfin le droit de retourner au Pin Creux, et pour fêter sa… « libération », Steph et moi avons organisé une balade à cheval.

– Le club du Grand Galop se retrouve, c'est ça ? demanda Alex d'un drôle de ton.

– Eh bien… oui. Rien que nous trois.

Il y eut un silence à l'autre bout du fil. Puis Alex soupira :

– Message reçu. T'inquiète, je ne vous dérangerai pas. On se rappelle, OK ?

Et il raccrocha.

La gorge nouée, Lisa posa le combiné sur son socle. Oh, là, là, cette fois, elle l'avait vexé…

Elle sortit de sa chambre, et alla chercher sa tenue d'équitation ainsi que sa boîte à pansage. Tant pis si Alex lui en voulait !

se répéta-t-elle. Pour rien au monde elle n'aurait raté ces retrouvailles avec ses deux meilleures amies…

Et de toute façon, très vite, il faudrait qu'elle discute sérieusement avec Alex.

Chapitre 9

– Carole, tu es un ange ! Merci mille fois, répéta Denise en s'asseyant au fond de la sellerie.

Carole était en train de finir d'astiquer la superbe selle que la jeune femme venait d'acheter dans un magasin d'occasions. Après l'avoir frottée avec un savon spécial, elle graissait le cuir.

Esquissant une grimace de dégoût, Denise ajouta :

– J'ai l'impression que je ne suis toujours pas guérie de ce vilain microbe que j'ai attrapé... J'ai toujours mal au cœur ! Maintenant, je ne supporte même plus l'odeur de la sellerie. Je me demande si je pourrai nettoyer les écuries...

Carole adressa un sourire amical à la petite femme brune qui, habituellement, supervisait l'organisation du Pin Creux.

– Ne t'inquiète pas, je suis là, dit-elle en lançant son chiffon dans un seau, sous l'évier. Mais il ne faut pas que Max t'entende parler comme ça ! Il ne serait pas content du tout.

– Je sais…

De nouveau, Denise grimaça, une main sur le ventre.

– Désolée, je dois prendre l'air !

Elle se leva d'un bond et se précipita dehors. Perplexe, Carole la suivit du regard. De toute évidence, Denise était souffrante. Zut alors !

Carole suspendait la selle qu'elle avait soigneusement lustrée quand Steph et Lisa s'engouffrèrent dans la pièce.

– Carole ! s'exclama Steph d'un ton joyeux. Te revoilà enfin !

– Qu'est-ce que tu nous as manqué ! renchérit Lisa, les yeux brillants.

Toutes deux l'embrassèrent avec un enthousiasme débordant. Émue, Carole leur sourit.

– Vous aussi, vous m'avez manqué... C'est comme si on ne s'était pas vues depuis cent ans !

– Deux cents ans, dit Steph. Pff... Mais c'est du passé. Sauf que d'après ce que j'ai compris, tu es en liberté conditionnelle, c'est ça ?

– Eh oui... Ma punition est allégée mais pas totalement supprimée, expliqua Carole. Je ne peux pas venir au Pin Creux tous les jours, et quand je suis ici, c'est pendant deux heures maximum.

Elle consulta sa montre.

– Par conséquent, aujourd'hui, je dois rentrer chez moi dans une heure au plus tard.

– Donc on a quand même le temps de faire une promenade, dit Lisa.

– Bien sûr ! J'ai reçu ton texto, et du coup, j'ai préparé nos chevaux ! précisa Carole.

Paky n'était pas disponible, poursuivit-elle à l'attention de Lisa. Mais tu as Windsor.

– Ça ira très bien. J'aime beaucoup Windsor, assura Lisa.

– Carole, tu es géniale ! observa Steph en tapant dans ses mains. On arrive, et hop ! On n'a plus qu'à enfourcher nos chevaux bien-aimés. *Let's go !* Oh, j'y pense... On aurait pu inviter Callie ?

– Elle est déjà partie en balade il y a un quart d'heure, lui apprit Carole. Elle monte Barq. Je lui ai proposé de venir avec nous, mais elle avait déjà son propre programme. Elle s'entraîne de nouveau, vous savez ?

– Oh, oui. Elle veut préparer des concours d'endurance. On en a parlé, elle et moi, confia Steph avec un clin d'œil. Bientôt, le Pin Creux pourra célébrer les victoires de la grande Callie Forester ! Bon, on y va ?

– Hé, inutile de courir, répliqua Carole d'un ton gentiment moqueur. Il n'y a quand même pas le feu ! Quoique...

Lisa et Steph éclatèrent de rire.

– Ne nous dis pas que tu n'es pas pressée ! plaisanta Lisa.

– Archipressée ! s'exclama Carole.

Le cœur empli de joie, elle se précipita dehors. Diablo, Windsor et Arizona, déjà sellés, attendaient, attachés devant la cour du Pin Creux.

Diablo s'ébroua doucement en voyant sa jeune maîtresse.

– On y va ! lança-t-elle en détachant le licol.

– Merci d'avoir préparé Arizona, lui dit Steph en se hissant sur sa jument.

– Et merci d'avoir préparé Windsor, renchérit Lisa. C'est comme à l'époque du club du Grand Galop ! Toutes pour une, une…

– Pour toutes ! complétèrent Carole et Steph en chœur.

Quelques minutes plus tard, les trois amies chevauchaient tranquillement le long du sentier qui menait vers la forêt. Elles bavardèrent à bâtons rompus pendant un long moment, comme pour rattraper le temps perdu.

– Et ça t'intéresse, ce projet d'enquête bizarroïde sur le mariage ? demanda Carole à Steph, qui venait de lui résumer sa mission dans l'équipe du *Fenton Mag*.

– Plus ou moins, avoua Steph. J'ai envie d'apprendre les ficelles du journalisme, donc je joue le jeu…

– Tu travailles en équipe, toi aussi ? interrogea Lisa.

– Bien sûr. Avec Spike Anderson. Son vrai nom, c'est Miles, mais tout le monde l'appelle Spike. C'est une vedette de l'équipe de volley-ball, précisa Steph. Il est grand, blond, baraqué… Et plutôt sympa.

– Attention, Phil risque d'être jaloux ! dit Lisa.

– Pourquoi ? Il a confiance en moi autant que moi en lui, répliqua Steph.

Lisa hocha la tête.

– Tu as de la chance. Ton frère, lui, n'a pas l'air de me faire confiance.

– Oh, oh... Il y a un problème entre vous deux ? s'inquiéta Steph.

Le visage de Lisa afficha une expression gênée.

– Oui. Depuis que je suis revenue de Californie, ce n'est plus comme avant. Quelque chose a changé... Et c'est peut-être un peu ma faute, avoua-t-elle. Je lui ai raconté que j'avais revu Skye là-bas, par hasard, et ça l'a rendu jaloux...

– Tu as revu Skye ? s'étonna Steph. Ce n'était pas prévu au programme !

– Non. Et je te signale que j'ai été la première surprise, confia Lisa. Mais j'ai été très claire avec Skye. Je lui ai dit que j'avais un petit ami, que je tenais à lui...

– Alors où est le problème ? demanda Carole.

Tout en écoutant Lisa et Steph, elle ne pouvait s'empêcher de penser à sa vie sentimentale : un désert... Steph sortait avec Phil, et Lisa avec Alex. Pour sa part, elle restait désespérément célibataire.

– Le problème, c'est qu'Alex a l'impression que je l'ai trahi, expliqua Lisa. Pourtant, j'ai juste mangé une glace en compagnie de Skye ! Mais Alex imagine autre chose. Et ça m'énerve ! ajouta-t-elle d'un ton agacé. Du coup, l'autre jour, on s'est disputés.

– Carrément ? fit Steph, l'air peiné.

– Les histoires d'amour ne sont jamais simples, pas vrai ? observa Carole en tapotant affectueusement l'encolure de Diablo.

Après une brève hésitation, elle reprit :

– À ce sujet, j'ai un conseil à vous demander à toutes les deux. Vous êtes tellement plus expérimentées que moi !

– N'exagérons rien, s'esclaffa Steph.

– Je n'exagère pas, insista Carole. Je suis seule, au cas où vous ne l'auriez pas remarqué. Mais récemment, il s'est produit un drôle de truc avec Ben.

– Ben Marlow ? demanda Lisa, stupéfaite.

– Eh oui. Il m'a embrassée...

– Sans blague ? s'exclamèrent Lisa et Steph à l'unisson.

– Sauf que depuis, il se comporte comme si j'étais une parfaite étrangère, poursuivit Carole.

Et elle leur raconta en détail ses mésaventures avec le mystérieux palefrenier du Pin Creux.

– La semaine dernière, je l'ai croisé plusieurs fois sur le chantier du parc qu'on réaménageait, mais c'est à peine s'il m'a adressé la parole, conclut-elle. Il habite dans ce quartier, avec son grand-père. Et il s'occupe d'une adorable petite fille qui s'appelle Zani... On a bien sympathisé, elle et moi. J'aurais voulu discuter avec Ben, les connaître davantage tous les deux, mais je crois qu'il n'en a pas envie.

– Dans ce cas, laisse tomber ! déclara Steph d'un ton catégorique.

Carole sentit son cœur se serrer. Elle s'était fait cette même réflexion à plusieurs reprises... En vain. Une force inexplicable l'attirait vers Ben. Elle pensait si souvent à lui !

– Carole ? insista Steph. Regarde-moi.

Son amie obtempéra.

– Mais qu'est-ce que je vois dans tes yeux ? s'exclama Steph d'un ton gentiment moqueur. Une lueur triste ? Nostalgique ? Du regret ? Hum... Tu ne serais pas un petit peu amoureuse, toi ?

– N'importe quoi ! protesta Carole. J'aime bien Ben, mais je ne suis pas amoureuse... Nuance !

Steph et Lisa échangèrent un rapide coup d'œil. Carole devina qu'elles ne la croyaient pas, ce qui l'exaspéra...

Parce qu'elles n'avaient pas tort.

– Je l'aime bien, c'est tout, répéta-t-elle obstinément.

Et elle lança Diablo au trot. Lisa fit de

même avec Windsor, et Steph fut obligée de suivre la cadence. À sa manière, Carole venait de clore leur conversation.

Chapitre 10

Carole avait toujours adoré rester aux écuries jusqu'à la tombée de la nuit. C'était le moment où tous les cavaliers rentraient chez eux, tandis que les chevaux sommeillaient dans leur box, digérant leur repas du soir. Le silence régnait, à peine troublé par le doux remue-ménage créé par les chats chassant des souris. C'étaient des instants merveilleusement paisibles, comme en dehors du temps…

Et ce mercredi-là, Carole ne résista pas au désir de s'attarder encore un peu. Lisa, Steph et Callie s'étaient éclipsées depuis longtemps, et elle avait déjà dépassé les deux heures de liberté accordées par son père… Mais elle savait qu'elle ne s'attirerait aucun problème. Un quart d'heure plus tôt, alors qu'elle curait les pieds de Diablo, elle s'était brusquement rappelé que M. Hanson était parti à Pittsburgh pour participer à une conférence. Il ne reviendrait que le lendemain, donc il ne saurait jamais qu'elle n'avait pas respecté ses nouveaux horaires imposés ! « En plus, je ne recommencerai pas de sitôt, songea la jeune fille. Autant en profiter… »

Le cœur léger, Carole longea les stalles, examinant chaque cheval afin de s'assurer qu'il ne manquait de rien. « Papa sera furieux s'il apprend que je lui ai désobéi, je sais… Mais je me sens si bien ici ! Le Pin Creux m'a tellement manqué… », pensa-t-elle une fois de plus. Bien qu'ayant mauvaise conscience à l'idée de faillir à sa parole, elle ne parvenait pas à quitter les écuries.

Elle s'arrêta devant le box de Rusty, un hongre alezan qui venait d'être ramené après avoir passé trois mois dans un pré. Et pas n'importe quel pré… Celui qui jouxtait la prairie derrière le Pin Creux, doté d'une herbe bien grasse et d'une mare emplie d'eau claire, alimentée par une source. Pour un cheval, passer d'un environnement naturel à la vie en box était une rude épreuve. Aussi veillait-on systématiquement à son adaptation. Surtout, il fallait vérifier si le cheval buvait assez… Et Rusty ne semblait pas avoir touché à son seau d'eau.

– Coucou, toi… Pas trop triste ? murmura Carole. L'eau du robinet doit te paraître infecte comparée à la bonne eau fraîche de dehors, pas vrai ?

Elle se glissa à l'intérieur, et caressa le cheval entre les oreilles. Puis, se fiant à son intuition, elle ressortit du box et alla chercher une bouteille de sirop de mélasse dans le réfrigérateur des écuries. Ensuite, elle retourna auprès de Rusty, et versa quelques gouttes du liquide visqueux et sucré dans le seau.

– Et voilà…

Le sourire aux lèvres, elle s'écarta, laissant le cheval renifler la surface de l'eau. Quelques secondes plus tard, il buvait avec entrain. Rassurée, Carole quitta le box et gagna le bureau du Pin Creux. Là, elle griffonna un petit mot à l'attention de celui qui nourrirait Rusty le lendemain matin. Il fallait continuer à donner un peu de mélasse à ce cheval afin de l'aider à apprécier le goût de l'eau du robinet ! C'était une ruse qui fonctionnait bien.

Après avoir punaisé le bout de papier en évidence sur le tableau réservé aux messages, la jeune fille sortit d'un pas vif. Maintenant, il était vraiment l'heure de rentrer chez elle. Plongée dans ses pensées, elle marchait rapidement, les yeux baissés. Du coup, elle ne vit pas la silhouette masculine qui débouchait en face d'elle. Tous deux se heurtèrent.

– Oh, pardon !

– Carole ? Qu'est-ce que tu fais ici ?

– Ben ?

C'était lui ! Le seul à s'attarder au Pin Creux, comme elle… Évidemment.

– J'allais partir, dit-elle, se sentant rougir comme une fillette.

– Ah…

Il lui coula un bref regard.

– Alors, salut.

Carole s'apprêtait à poursuivre son chemin, mais soudain, elle en eut assez de cette situation ridicule.

– Une minute, Ben. J'ai une question à te poser, dit-elle, la gorge nouée par la timidité et l'appréhension.

Surmontant son malaise, elle s'efforça de sourire :

– Tu es fâché contre moi ou quoi ?

Ben écarquilla les yeux.

– Fâché ? Pas du tout ! Pourquoi ?

– Parce que tu ne me parles plus. Je croyais qu'on était amis, ajouta-t-elle. Et la semaine dernière, quand je t'ai vu au parc avec Zani, j'ai eu l'impression que tu m'ignorais exprès... Comme si tu ne me connaissais pas.

– Mais non... Désolé. J'ai des problèmes, c'est tout, répondit-il avec une pointe d'impatience.

Mais Carole insista :

– Zani est ta sœur ? J'ai joué avec elle et...

– C'est ma nièce. Elle est venue vivre avec mon grand-père et moi. Des histoires de famille, tu vois ?

Carole l'observa, heureuse qu'il lui ait enfin adressé la parole et fourni quelques explications. Elle lui sourit.

– Bon... Elle est adorable, Zani. Je...

Mais à ce moment-là, Max les rejoignit. Il lança un coup d'œil intrigué à Carole. Sans doute se demandait-il pourquoi elle se trouvait encore au Pin Creux ! Cependant, il ne lui posa aucune question.

– Je cherche la bouteille de mélasse, dit-il. Elle n'est plus dans le frigo et…

– C'est moi qui l'ai, l'interrompit Carole en lui tendant le flacon. Je l'ai utilisée pour sucrer l'eau de Rusty.

Max parut soulagé.

– Merci. C'était ce que je voulais faire. J'avais remarqué qu'il n'avait pas beaucoup bu, mais j'ai dû répondre au téléphone, et entre-temps, tu es passée par son box. Parfait.

Il se tourna vers Ben :

– Tu as terminé pour ce soir ?

– Pas tout à fait. Je dois encore nettoyer le manège, répondit son palefrenier.

Et Ben s'esquiva aussitôt. Pour une fois, Carole ne fut pas mécontente qu'il se sauve aussi vite ! Qu'auraient-ils pu se dire de plus ? À présent, elle savait l'essentiel : Ben n'était pas en colère contre elle. Donc, il restait son ami… Quant au fameux baiser qu'ils avaient échangé, eh bien, mieux valait l'oublier !

***

– Ben n'est pas un garçon comme les autres, répéta Steph. N'attends pas de lui qu'il te saute au cou ou ce genre de chose !

– Je n'attends rien, répliqua Carole, agacée. Je voudrais juste qu'il ne se comporte pas comme si j'étais une totale inconnue.

– Donc tu attends quelque chose…

– Oui… Enfin, si tu veux. J'aimerais juste qu'il soit un peu sympa.

À l'autre bout du fil, Steph se mit à rire. Après dîner, elle avait appelé Carole pour avoir de ses nouvelles. « J'avais l'impression que tu étais triste, alors je rapplique pour te remonter le moral ! » avait-elle annoncé d'un ton chaleureux. Touchée, Carole s'était de nouveau confiée à elle.

– Et on s'est parlé, poursuivit-elle. Enfin, on a échangé trois mots… Mais c'est mieux que rien. C'est mieux que l'indifférence…

– Je te comprends. Mais crois-moi, Ben n'est pas comme les autres garçons, insista Steph.

– Tu crois que je ne le sais pas ? Il communique davantage avec les chevaux qu'avec les humains !

Carole soupira. Elle aurait bien aimé partager sa passion des chevaux avec Ben, mais même ça, c'était impossible.

– Pour changer de sujet, j'ai du nouveau à propos de Callie, reprit Steph. Elle a décidé qu'il lui fallait un cheval de compétition, et elle fait tout pour convaincre ses parents.

– La veinarde… Ils ont suffisamment d'argent pour réaliser son rêve !

– En principe, oui. D'après Scott, tant que sa sœur aura de bonnes notes, M. et Mme Forester exauceront tous ses vœux !

– Ce n'est pas Callie qui t'a mise au courant ? s'étonna Carole.

– Non. C'est Scott. Il m'a envoyé un texto. D'ailleurs, il n'arrête pas de m'envoyer des textos, poursuivit Steph d'une drôle de voix. Je m'interroge.

– Tu t'interroges ?

– Oui. Depuis qu'il sait que je suis journaliste au *Fenton Mag*, il me complimente en public, il m'adresse des e-mails pour rigoler, il m'inonde de SMS… Et il trouve que Spike, mon coéquipier, est nul comme ses pieds.

– Waouh ! Il te drague ou quoi ?

– Mouais. J'espère qu'il n'a pas oublié que je sors avec Phil, et que je suis fidèle ! ajouta Steph.

– Je l'espère aussi. Sinon, tu sauras lui mettre les points sur les i, pas vrai ?

– Compte sur moi. Même si Scott est super mignon, je tiens à Phil.

– Super mignon et super crâneur ! Monsieur-je-sais-tout, monsieur-j'ai-un-papa-député, monsieur-j'ai-la-plus-belle-voiture-de-sport-du-lycée…, énuméra Carole d'un ton moqueur.

Il y eut un bref silence, puis Steph déclara :

– Tu ne l'aimes pas trop, on dirait…

– Couci-couça. Mais avec Callie, ça va. Zéro problème, assura Carole. Elle adore l'équitation autant que moi !

Steph éclata de rire.

– Elle adore surtout la compétition. Elle est décidée à redevenir championne coûte que coûte ! À mon avis, elle réserve des surprises au Pin Creux.

– De bonnes surprises.

– Sûrement.

Les deux amies discutèrent encore quelques instants avant de raccrocher. Consultant sa montre, Carole s'aperçut alors qu'il était tard, et qu'elle n'avait toujours pas fait ses devoirs pour jeudi. Mieux valait qu'elle s'y mette… Dorénavant, il était hors de question qu'elle ait de mauvaises notes !

Chapitre 11

Après avoir téléphoné à Carole, Steph se concentra de nouveau sur l'article qu'elle s'efforçait d'écrire. Elle relut la dernière phrase affichée sur l'écran de son ordinateur : *«… et le travail à deux n'est pas du tout évident. Surtout lorsqu'on doit se coltiner une collaboratrice exaspérante qui… »*.

En étouffant un fou rire, elle supprima le mot « coltiner », et en chercha un autre plus élégant. Le style de son texte compterait autant que le contenu, elle le savait ! Tapotant la pointe de son stylo sur son bureau, elle réfléchit quelques instants avant de reprendre : *«… Surtout lorsqu'on doit accepter de collaborer avec un parte-*

naire qui, parfois, nous agace. Le caractère de chacun – la fameuse compatibilité d'humeur – est essentielle ! Par exemple, Veronica Angelo, qui travaille avec Zach Lincoln, se plaint souvent d'être obligée de partager son temps avec un énergumène qui, dit-elle, n'a rien en commun avec elle... »

Steph leva les mains de son clavier et, les sourcils froncés, parcourut rapidement l'intégralité de la page qu'elle avait rédigée. Non et non, ça ne lui plaisait pas. Elle aurait voulu décrire avec subtilité la mésentente entre Veronica et Zach, un gentil garçon, si gentil qu'il se faisait quasiment rouler dans la farine par la féroce crâneuse... Mme Fenton n'aurait jamais dû les associer pour cette enquête sur le mariage ! « À moins qu'elle veuille que son expérience se termine en pugilat », songea-t-elle, à la fois amusée et perplexe. En effet, durant la matinée de ce mercredi, tous les élèves engagés dans le grand projet de Fenton Hall s'étaient rassemblés dans l'amphithéâtre de l'établissement : Mme Fenton avait souhaité recueillir les premières impressions des uns et des autres. Veronica Angelo, tirée à quatre épingles comme d'habitude, chic jusqu'au bout de ses ongles vernis, avait vilipendé Zach Lincoln :

– Je refuse de continuer à travailler avec lui ! Primo, nous n'avons pas les mêmes points de vue sur la société. Secundo, il lit hyper-lentement, alors que je pratique la lecture photographique, ou en diagonale, qui permet de gagner un temps considérable. Tertio, il copie tout ce que j'écris et...

– Mademoiselle Angelo ! l'avait interrompue Mme Fenton. L'objectif de notre projet consiste justement à dépasser les différences, et à s'entendre malgré tout !

Se remémorant l'échange plutôt vif qui s'en était suivi, Steph sourit. Oui, tout cela était passionnant. Pour sa part, elle aimait bien faire équipe avec Spike Anderson, finalement aussi sympa que mignon ! Les autres duos qu'elle avait observés semblaient tout à fait dynamiques : Callie travaillait avec Corey Westbrook, et apparemment, cela se passait bien. George Wheeler, qui était toujours amoureux de Callie, planchait avec Sue Berry. Nicole Adams, l'une des meilleures copines de Veronica, collaborait avec Wesley Ward, l'un des meilleurs amis de Spike. Entre eux, par contre, c'était un peu mouvementé... Évidemment ! Nicole se comportait comme Veronica !

Steph s'apprêtait à poursuivre son compte rendu imagé quand on frappa à la porte de sa chambre.

– Oui ?

Elle reconnut la voix d'Alex.

– Steph, je peux te voir cinq minutes ?

– Seulement cinq minutes ! Je suis en plein travail.

Alex ouvrit et pénétra dans la pièce.

– Tu travailles dur ?

– J'essaie. J'ai un article à rédiger pour le *Fenton Mag*.

– Ah, oui… Miss journaliste en herbe !

– Non ! Pas « en herbe » du tout ! Journaliste presque professionnelle ! rectifia Steph d'un ton légèrement provocateur. Je te signale que j'ai été la collaboratrice de Deborah Regnery, célèbre journaliste…

– Je suis au courant, merci.

Steph examina son frère avec étonnement. Il avait le visage tendu, et l'air soucieux.

– Toi, tu as un problème.

– Gagné. Et je viens te demander ton avis, ajouta Alex en s'affalant sur le bord du lit.

Il soupira, et plongea les mains dans ses cheveux.

– Oh, là, là, tu as l'air malheureux comme les pierres ! s'exclama Steph. Ça ne te ressemble pas ! Crache le morceau.

– Quoi ?

– Explique-moi ce qui ne va pas !

Alex haussa les épaules, puis il hésita

quelques instants avant de déclarer d'un ton macabre :

– Rien ne va plus avec Lisa.

Steph s'efforça de rester impassible. Elle devinait déjà ce qu'Alex s'apprêtait à lui révéler. Lisa avait évoqué le même problème cet après-midi, pendant leur promenade à cheval.

– Elle est bizarre, reprit Alex. Si froide, si distante… Tout est différent depuis qu'elle est partie en Californie, et qu'elle a revu ce Skye Ransom… Un acteur jeune, beau, riche, célèbre aux quatre coins du pays ! De quoi ai-je l'air, comparé à lui ? poursuivit-il en esquissant une grimace de dépit.

– Tu as l'air d'Alex Lake. Tu es Alex, et Lisa aime Alex, répliqua calmement Steph. Tu n'as aucune raison d'être jaloux.

– Facile à dire.

– Lisa t'aime de tout son cœur, insista Steph. Elle me l'aurait dit si ce n'était plus le cas… Par contre, si tu continues à faire la tête, et à être possessif, elle risque d'en avoir par-dessus la tête. Lisa est une fille indépendante et fière !

– Comme si je ne m'en doutais pas...

Alex soupira de nouveau.

– Tu as raison. Je devrais agir autrement, mais... je n'y arrive pas ! C'est plus fort que moi ! Tu as déjà connu des moments pareils avec Phil ?

– Plus ou moins. On finit toujours par se comprendre et se réconcilier, avoua Steph, un peu gênée par la tournure que prenait la conversation.

Même si elle se sentait très proche de son frère jumeau, leur complicité comportait des limites... Et parler ainsi de Lisa, qui était l'une de ses meilleures amies, la mettait mal à l'aise.

– Phil et moi, on se fait confiance, conclut-elle. Bon, je ne voudrais pas te vexer, mais j'ai du travail !

– Excuse-moi de t'avoir dérangée ! riposta Alex, visiblement blessé par le manque de disponibilité de sa sœur. Je croyais que tu pourrais me filer un conseil.

– Je te l'ai donné. Sois moins jaloux, et laisse Lisa vivre sa vie ! Voilà !

Alex se leva lentement.

– OK. Je vais essayer de t'écouter. Cette discussion reste entre nous, promis ?

– Promis, dit Steph après une brève hésitation.

Elle détestait cacher quoi que ce soit à Lisa, mais cette fois, c'était vraiment préférable. Lisa n'apprécierait pas de découvrir qu'Alex se confiait à Steph comme s'il était un petit garçon vulnérable ! « En même temps, je comprends Alex, songea Steph. Il est inquiet, et il tient beaucoup à Lisa... »

Gentiment, elle se leva à son tour et embrassa son frère sur la joue.

– Garde le moral et le sourire, mon vieux ! C'est le meilleur moyen de séduire ta dulcinée...

Alex se mit à rire.

– D'accord. Comme ça ?

Et un large sourire s'épanouit sur son visage. Il souriait même tellement que cela paraissait exagéré.

– Reste naturel ! s'esclaffa Steph. Sinon, tu ressembles à un clown.

– Merci !

– La vérité est préférable au ridicule ! insista-t-elle. Alex, aie confiance en toi... Et tu n'as aucune raison de douter de Lisa. Elle t'adore ! Il faut juste qu'elle s'habitue de nouveau à vivre ici... En plus, avec sa mère, la situation est assez compliquée. Mme Atwood déprime une fois de plus, alors imagine l'ambiance chez Lisa...

Alex hocha la tête.

– Terrible. Merci de me le rappeler. J'avais oublié.

– Tu penses trop à toi et pas assez à Lisa, c'est pour ça !

– Oui, mademoiselle. Merci pour la leçon de morale.

– De rien…

Alex lui fit la bise et s'esquiva, refermant doucement la porte derrière lui.

Une fois seule, Steph marcha de long en large dans sa chambre, essayant de rassembler ses idées pour son article. Où en était-elle déjà ? Puis, brusquement, une idée lumineuse surgit à son esprit. Et si elle rédigeait quelque chose sur la jalousie ? En réalité, Veronica Angelo détestait collaborer avec Zach Lincoln parce qu'elle ne voulait pas partager le fruit de leurs efforts communs ! Et si elle ne voulait pas partager, c'est parce qu'elle était jalouse du succès que Zach risquait de remporter… Un succès qui pourrait éventuellement empêcher Veronica de briller aux yeux des autres.

Surexcitée, Steph s'assit devant son ordinateur, et ses doigts coururent sur le clavier. *« Travailler en équipe n'est pas simple car il faut accepter de partager : son temps, ses recherches, ses lectures, ses impressions…*

Tout. Or, le partage s'apprend... »

La jeune fille continua d'écrire avec enthousiasme. Cette fois, elle était sûre d'être pertinente et originale ! Jennifer, la rédactrice en chef du *Fenton Mag*, serait ravie... Et elle aussi ! En intégrant l'équipe du journal du lycée, elle voulait prouver à tout le monde qu'elle était capable d'être une vraie journaliste, c'est-à-dire quelqu'un qui a l'art et la manière de raconter une histoire avec talent. Cela pouvait sembler présomptueux, mais Steph était sûre d'elle...

Tout comme elle était certaine d'avoir découvert un univers qui, dans sa vie, supplantait presque sa passion pour les chevaux. Ça, c'était une incroyable révélation !

Chapitre 12

Jeudi après-midi, son dernier cours terminé, Carole quitta le lycée à toute allure pour gagner le Pin Creux. Une dizaine de minutes plus tard, elle se garait sur le parking du centre équestre. « Papa est d'accord pour que je vienne ici quatre fois par semaine… Donc il devrait accepter que je vienne deux jours d'affilée ! » songea-t-elle. Après tout, elle avait été privée d'équitation si longtemps ! Elle avait tant à rattraper…

Et au fond d'elle-même, elle savait que son père ne lui en voudrait pas. Elle ne faisait rien de mal, elle avait correctement travaillé en classe… Donc sa récompense était méritée. D'autant plus que samedi et dimanche, elle ne pourrait pas se rendre au Pin Creux. Elle s'était déjà engagée à rejoindre l'équipe de bénévoles de l'association Hope, afin de rénover un refuge pour animaux.

Glissant les clés de sa voiture dans sa poche, Carole se dirigea rapidement vers les écuries. Elle avait hâte de retrouver Diablo, de le panser, et de partir en promenade avec lui… Une longue, très longue promenade !

Passant devant le bâtiment d'accueil du club hippique, elle aperçut Bob O'Malley, le principal palefrenier du Pin Creux, qui était également le compagnon de Denise. Il allait et venait devant le bureau, l'air soucieux. Un bref instant, Carole hésita. Peut-être avait-il un problème ? Besoin d'aide ? Mais elle se rappela que son père rentrerait de voyage à 15 heures, et que par conséquent, elle devrait être chez elle à 17 heures précises. À défaut, le colonel Hanson risquerait de se fâcher. « Je ne veux pas qu'il m'interdise de nouveau de venir ici ! » pensa-t-elle en s'éloignant. Elle se contenta d'adresser un petit signe amical à Bob, et fonça vers la sellerie. Elle prit son filet, sa selle, et se rendit dans le box de Diablo.

– Coucou…

Elle ouvrit la porte et s'avança à l'intérieur. Le cheval hennit doucement pour l'accueillir. Le sourire aux lèvres, Carole lui caressa le chanfrein, puis elle mena Diablo à l'extérieur pour le brider et le seller.

– Qu'est-ce que tu as envie de faire ? demanda-t-elle en commençant par un rapide pansage.

Elle jeta un coup d'œil aux sabots.

– RAS, pieds impeccables… Je peux te monter, ouf !

Peu de temps après, Diablo était préparé. Impatiente, Carole se hissa sur lui et le dirigea vers la carrière. Par bonheur, l'arène était libre.

– On a de la chance ! dit-elle en flattant l'encolure de Diablo. On va pouvoir s'entraîner !

Pendant environ une heure, la jeune fille ne vit plus le temps passer. Totalement concentrée sur son cheval et la manière de le guider, elle oublia tout le reste. Elle mena Diablo au pas, au trot, lui fit faire différentes figures, quelques petits sauts… Diablo réagissait au doigt et à l'œil, comme si sa jeune maîtresse et lui n'avaient jamais été séparés.

Carole ne s'était pas sentie aussi heureuse depuis longtemps. « Voilà ce qui m'a tant manqué ! » se répéta-t-elle tandis que Diablo s'élançait par-dessus une barre d'obstacle en secouant sa crinière. À croire qu'il voulait lui montrer combien, lui aussi, il s'amusait. Plus jamais elle ne serait privée d'équitation ! Par conséquent, quoi qu'il arrive, elle devait obéir à la nouvelle règle imposée par son père : pas plus de deux heures de présence au club.

Trop vite, il fut l'heure de retourner à

l'écurie. À contrecœur, mais soucieuse de respecter les conditions de sa précieuse liberté, Carole fit faire quelques tours de piste à Diablo, au pas. Elle observa son cheval qui, de minute en minute, s'apaisait après l'effort. Elle prit le temps nécessaire...

Soudain, elle se rendit compte que depuis très longtemps, elle n'avait pas eu l'occasion de profiter pleinement de Diablo. Avant d'être punie, elle le montait à la hâte car elle avait tant à accomplir au Pin Creux : les corvées de nettoyage, les reprises à accompagner, les céréales à servir dans les mangeoires aux bonnes heures, les papiers à remplir... Plus d'autres obligations qu'elle effectuait bénévolement. Elle avait intégré la petite équipe de personnel officiant au Pin Creux, et ce n'était pas de tout repos ! « C'est super de pouvoir se détendre..., se dit-elle en menant Diablo par le licol. Comme je ne travaille plus, je suis vraiment en vacances quand je viens ici ! »

Surprise par cette réflexion, la jeune fille jeta un coup d'œil à Diablo.

– On dirait que les choses changent, murmura-t-elle. Peut-être que plus tard, je ne dirigerai pas mon propre club ! Peut-être que je me contenterai de m'occuper d'un ou de deux chevaux, à fond, rien que pour le plaisir...

Le sourire aux lèvres, elle conduisit Diablo dans le coin des écuries réservé aux douches. Elle nettoya son cheval avec attention, et le pansa tout aussi soigneusement. Oui, quel bonheur de bichonner Diablo !

Une fois que son cheval fut tout propre, la robe superbement lustrée, Carole le ramena dans son box. Elle lui donna des morceaux de carottes et de pommes, puis, à regret, s'apprêta à rentrer chez elle. Elle traversa la cour, les yeux baissés, concentrée sur son seul et unique objectif: respecter le règlement, et arriver à la maison avant 17 heures. Mais à ce moment-là, Bob l'appela :

– Carole ! J'ai besoin de toi...

Elle se figea et jeta un bref coup d'œil au palefrenier.

– Qu'est-ce qu'il y a? demanda-t-elle, de nouveau frappée par l'inquiétude qui se lisait sur le visage du jeune homme.

Bob la rejoignit à grandes enjambées.

– Carole, tu tombes bien. On a un gros problème. Enfin, plusieurs petits problèmes, mais si on les met bout à bout, ça s'accumule et…

– De quoi s'agit-il? Je suis pressée, avoua Carole.

– Pressée? Mauvaise nouvelle.

Bob esquissa une grimace et déclara:

– Denise est de nouveau mal en point, et elle est rentrée à la maison. Max est parti chercher Deborah, et j'ignore quand il reviendra. Ben Marlow s'est absenté pour une heure et…

– Ben s'est absenté? l'interrompit Carole.

C'était tellement inhabituel qu'elle n'avait pas pu dissimuler sa stupeur.

– Eh oui. Il avait quelque chose d'important à faire. Une histoire de famille à régler, d'après ce que j'ai compris, expliqua Bob à la hâte. Donc il n'est pas là... Mais il devrait être de retour à 17 heures au plus tard. Quant à moi, je dois emmener un groupe d'adultes en randonnée. Ils ont réservé les chevaux, et il faut qu'on parte dans un quart d'heure... Sauf qu'il y a une reprise avec sept ou huit gamins de moins de dix ans qui sont sûrement déjà à la sellerie, et que Nicole Adams va débarquer d'une minute à l'autre pour sa leçon particulière.

Une boule dans la gorge, Carole secoua la tête.

– Je comprends. Mais j'ai un problème, moi aussi : mon père m'attend de pied ferme chez moi. J'ai de nouveau le droit de monter à condition que je respecte le règlement.

– Quel règlement ? demanda Bob, perplexe.

– Le règlement paternel, précisa Carole

en haussant les épaules. J'ai été privée d'équitation, tu te souviens ? Maintenant, je peux revenir ici, mais je ne peux rester que deux heures d'affilée. Sinon, je risque d'être de nouveau punie.

– Ah. Je vois. OK, j'ai trouvé la solution, poursuivit Bob après un bref instant de réflexion. Tu appelles ton père, et tu lui expliques la situation. Ou tu lui laisses un message. Il y a urgence, pas vrai ? Urgence et malchance, mais dans les deux cas…

À cet instant, Nicole Adams les rejoignit, accompagnée de Veronica Angelo. En les voyant, Carole éprouva un sentiment désagréable. Elle n'aimait pas ces deux crâneuses toujours habillées à la dernière mode, chic et branchées. Elles portaient toujours les plus belles tenues d'équitation, comme pour montrer à tout le monde que leurs familles avaient les moyens.

Fronçant légèrement les sourcils, Bob les salua.

– Tu es en avance, Nicole, fit-il remarquer.

– Seulement de dix minutes, répliqua la jeune fille. Bonjour, Carole ! Ça fait longtemps…

– Et me voici de retour, compléta aussitôt Carole, comprenant l'allusion. J'ai retrouvé mon cheval, qui est en pleine forme.

– Grâce à la petite Rachel, n'est-ce pas ? intervint Veronica de sa voix haut perchée. Tu t'es bien débrouillée… Tu as été punie, mais ton cheval n'en a pas pâti.

– Exact.

Pour une fois, Veronica disait quelque chose de gentil !

– Vous allez bien, toutes les deux ? ajouta poliment Carole.

– Bien sûr, affirma Veronica. Enfin, s'il n'y avait pas ce ridicule projet d'enquête à Fenton Hall, tout irait super mieux ! Mais on ne choisit pas ses profs…

Carole ne put s'empêcher de sourire. Elle

se souvenait de ce que Steph lui avait confié à propos de l'expérience menée au lycée privé de Willow Creek.

– Steph couvre l'événement, pas vrai ? Elle écrira certainement un super article…

– Tu t'avances un peu, là, coupa Veronica d'un ton cinglant. J'ai l'impression qu'elle ne s'intéresse qu'à des détails insignifiants… Elle ne m'a même pas interviewée, moi !

– Oh… Moi, j'ai eu droit à un véritable interrogatoire, dit Nicole en inclinant la tête sur le côté avec coquetterie.

Agacée, Carole jeta un coup d'œil sur sa montre. Il était 16 h 30. Elle se tourna vers le palefrenier.

– Bob, désolée, je suis obligée de…

– Carole, c'est moi qui suis désolé, l'interrompit Bob. Il faut que tu restes. J'assume. Je prendrai les torts à ma charge.

Hésitante, Carole dévisagea le palefrenier.

– Et qu'est-ce que tu veux que je fasse ?

– Si tu pouvais assurer le cours de Nicole, et décaler la reprise si nécessaire… Ben ne devrait pas tarder, mais en attendant, il faut qu'on se débrouille.

– Franchement, on devrait s'inscrire dans un club mieux organisé ! s'exclama Veronica. Tu ne crois pas, Nicole ?

Cette dernière sembla un peu gênée.

– Eh bien… Enfin, si Carole me donne ma leçon, pour moi, ça va. Elle est aussi douée que Ben ou Denise.

– Merci, dit Carole, plus flattée qu'elle ne voulait l'admettre. Tiens, pour la peine, je te prête Diablo.

Veronica leva les yeux au ciel.

– Ça ne change rien à la réalité. Ben n'est pas là alors qu'il est censé travailler, Denise est encore malade, et Max… Où est Max ?

Bob la fusilla du regard :

– Excuse-nous, Veronica, mais si tu veux critiquer le Pin Creux, il y a un cahier de doléances au bureau d'accueil.

La jeune fille écarquilla les yeux.

– Oh… Mais ne te vexe pas ! Sur ce, je vous laisse. Nicole, n'oublie pas qu'on a rendez-vous au ciné dans deux heures ! Je t'attendrai chez Sweetie.

– À tout à l'heure, dit Nicole.

« Elle est quand même un peu plus cool que Veronica », songea Carole. Puis elle consulta de nouveau sa montre. L'heure tournait.

– Bob, je vais laisser un message à mon père. J'espère qu'il ne m'en voudra pas trop…

Un sourire empreint de reconnaissance illumina le visage du palefrenier.

– Merci, Carole. Je savais que je pouvais compter sur toi !

Chapitre 13

Le cœur serré, Lisa se dirigea lentement vers le box de Paky. Elle avait donné rendez-vous à Alex, et ils feraient une promenade à cheval rien que tous les deux. En arrivant au Pin Creux, elle avait été surprise de découvrir Carole. Il était presque 17 heures, et son amie donnait une leçon particulière à Nicole Adams, dans le manège... En même temps, elle surveillait un groupe de très jeunes cavaliers, qui attendaient visiblement leur reprise. Quel défi ! Un bref instant, Lisa avait envisagé de l'aider, sauf qu'en ce moment même, Alex patientait...

De toute façon, elle ne pouvait pas se désister. Elle avait prévu quelque chose pendant cette balade. Maintenant, il fallait qu'elle aille jusqu'au bout.

À regret, elle avait juste adressé un petit signe amical à Carole avant de filer vers les écuries.

– Salut, ma douce, dit-elle à Paky lorsque la grande jument s'approcha d'elle. On va prendre l'air !

Elle ôta son épais blouson – il faisait chaud dans les écuries –, l'accrocha sur la demi-porte, et prépara Paky. Elle lui vérifia les sabots, puis la pansa. Lorsque Paky fut prête, elle l'emmena à l'extérieur, l'attacha, et partit à la recherche d'Alex. Elle le trouva dans la sellerie.

– Bonjour…

En souriant, Alex vint l'embrasser.

– Toute la bande est ici ! dit-il. J'ai vu Carole, Callie, Scott… et Steph, bien sûr.

– Ah bon ? Où est-elle ?

– Aucune idée. Elle a croisé Veronica, et elles sont parties ensemble.

– Steph et Veronica? Tu plaisantes? s'exclama Lisa.

– Même pas, répondit Alex en riant. Mais elles n'avaient pas l'air de se raconter des gentillesses, si tu veux mon avis. Veronica pinçait les lèvres comme une bêcheuse, et ma frangine avait des étincelles dans les yeux !

– Oh, oh...

Lisa laissa échapper un petit rire, imaginant la scène.

– Tu seras bientôt prêt? demanda-t-elle, redevenant sérieuse.

Elle se remémorait la raison secrète de leur rendez-vous...

– Dans cinq minutes. Je monte Congo. Je n'ai plus qu'à le seller, précisa Alex.

– Parfait...

La gorge nouée, Lisa sortit et se dirigea vers Paky. Tout en attendant Alex, elle se répéta qu'elle avait pris la bonne décision. Elle y avait réfléchi des heures durant... et parvenait toujours à la même conclusion.

Alex ne tarda pas à la rejoindre, et tous deux empruntèrent le sentier qui grimpait dans la colline, derrière le Pin Creux. Le jour commençait à faiblir, et des étoiles brillaient déjà dans le ciel hivernal, d'une incroyable clarté pour un mois de décembre.

– Il est trop tard pour se balader en forêt, observa Lisa, s'efforçant d'adopter un ton détaché.

Elle voulait dire ce qu'elle avait à dire au bon moment.

– Si on allait dans la grande prairie ?

– Bonne idée, répondit Alex.

Ils engagèrent leurs chevaux sur un autre chemin, longeant le flanc de la colline. Lisa resta silencieuse, écoutant Alex d'une oreille distraite. Il lui racontait les aventures palpitantes de sa sœur journaliste en herbe…

– Le *Fenton Mag*… L'équipe du *Mag*… La rédactrice en chef du *Mag*… Les projets du *Mag*… Steph ne parle que de ça à la maison ! Elle est tellement enthousiaste !

– Comme toujours, souligna Lisa. Steph s'emballe pour tout ce qu'elle entreprend. C'est dans son caractère.

– Tout juste. Son fichu caractère !

Lisa ne rit pas, ce qui étonna Alex.

– Ça va ? Tu as l'air bizarre.

– Bizarre ? Plutôt triste…

– Pourquoi ? À cause de ta mère ?

– Non, non… À cause de nous.

Et voilà. Les premiers mots étaient prononcés. À présent, elle ne pouvait plus reculer. Alex garda le silence, et elle lui lança un rapide coup d'œil. Ils chevauchaient l'un à côté de l'autre, ce qui ne serait bientôt plus possible, le chemin se rétrécissant.

– Alex…

Elle prit une profonde inspiration.

– Je veux qu'on arrête.

– Qu'on s'arrête ? Déjà ?

– Non… Je veux qu'on arrête de sortir ensemble.

– Ah…

Alex la regarda, l'air blessé, peiné, puis il marmonna après une courte hésitation :

– Je me doutais que ça arriverait. Depuis que tu es revenue de Californie, tu n'es plus la même.

– Peut-être, admit Lisa. Mais ça n'a rien à voir avec Skye. Je suis sans doute perturbée par tous les voyages que j'ai dû faire ces derniers temps, la fin du lycée qui approche, la fac l'année prochaine…

« Plus la disparition de Prancer… », poursuivit-elle en son for intérieur. Mais elle préféra ne pas évoquer les souvenirs douloureux qui affluaient de nouveau à sa mémoire.

– Et tout le reste, conclut-elle, le cœur serré.

– J'ai été trop jaloux, c'est ça ?

– Alors là, sûrement.

– Je regrette…

Lisa haussa les épaules.

– Moi aussi. En tout cas, je ne sais plus où j'en suis, avoua-t-elle. J'ai besoin d'y voir plus clair.

– Tu veux rompre ?

Elle se sentait si mal à l'aise…

– Juste y voir plus clair, répéta-t-elle obstinément. Et être un peu seule…

– C'est définitif ?

– Peut-être pas. Donne-moi jusqu'au nouvel an…

– OK. De toute façon, je suis d'accord avec toi. Entre nous, ça ne va pas, dit brutalement Alex. Je…

Il lança un bref regard à Lisa.

– OK, répéta-t-il. Rendez-vous l'année prochaine… Mais tu sais, je t'aime quand même !

Sur ces mots, il fit faire demi-tour à Congo, et repartit au trot vers le Pin Creux. Les larmes aux yeux, Lisa incita Paky à reprendre également le chemin du club hippique. Elle éprouvait un mélange de tristesse et de soulagement. Par la suite, si tout allait bien, elle retrouverait Alex…

Ou peut-être se sépareraient-ils pour toujours.

Chapitre 14

Carole était en nage. Elle courait à droite, à gauche… D'abord, elle avait retardé le début de la reprise avec les jeunes cavaliers. Ensuite, elle avait donné une leçon d'équitation à Nicole, qui avait proposé de finir plus tôt. Sympa ! Carole l'avait remerciée en essayant de dissimuler son inquiétude : Ben n'était toujours pas là… Elle avait laissé deux messages à son père, qui devait être en réunion ou à une conférence, comme souvent. Sans réponse de sa part, elle commençait à être franchement inquiète.

D'autant que Bob était parti accompagner un groupe en randonnée ; que les enfants, à présent disséminés dans la cour du club, s'impatientaient… Et qu'au Pin Creux, elle était la seule cavalière de plus de dix ans ! Maintenant, quoi qu'il advienne, elle était obligée de rester.

De plus en plus ennuyée, Carole s'approcha d'un garçon âgé de sept ou huit ans. Il paraissait un peu plus sérieux que les autres enfants.

– Salut, Jim. Je peux te demander un service ?

– Ben oui, Carole !

– Aide-moi à rassembler ton groupe… Ben ne devrait plus tarder, et il se chargera de votre cours collectif, comme prévu. Mais pour l'instant, il faut que vous patientiez.

– D'accord. Lise, Tanya et Olivia ! appela-t-il aussitôt, en se levant. J'ai une super blague à vous raconter !

Carole sourit. Elle avait bien fait de s'adresser à Jim ! Rassurée, elle tourna les talons et se précipita vers l'accueil du Pin Creux. Contre toute attente, elle y trouva

Scott, au téléphone. Steph était assise devant lui.

– Qu'est-ce que vous fabriquez ici? s'exclama Carole.

– On plante des pommes de terre, répliqua Steph, pince-sans-rire.

Carole haussa les épaules.

– Très drôle. Je te signale que je ne m'amuse pas, moi. Max, Denise et Deborah ne sont pas là. Ben non plus. Bob a emmené un groupe en balade... Et je me retrouve toute seule avec huit débutants qui trépignent parce qu'on ne peut pas assurer leur reprise!

– Waouh! Je vole à ton secours! affirma Steph en se levant d'un bond. Je n'étais pas au courant... J'ai croisé Lisa tout à l'heure, mais elle ne m'a rien dit.

– Lisa?

– Elle partait en balade avec Alex.

– Et elle avait l'air plutôt tristounette, précisa Scott en posant le combiné téléphonique sur son socle. Je savais que tu remplaçais Ben, poursuivit-il. Bob m'a averti avant de s'en aller. Callie a décidé de s'entraîner en solo, et elle a décampé dans les collines... Mais je l'attends pour la ramener à la maison, comme d'habitude. C'est pourquoi je me suis transformé en secrétaire général, ajouta-t-il en arquant un sourcil moqueur. J'ai déjà répondu à trois coups de fil.

Il tendit une feuille de papier griffonnée de notes à Carole.

– Tout est écrit ici.

– Merci ! Tu es super ! dit-elle.

Subitement, Scott remontait dans son estime.

– Je sais, je sais... Tu peux me couvrir de compliments, pas de problème, répliqua-t-il.

Steph éclata de rire.

– Attention à tes chevilles, Scott ! Elles enflent à vue d'œil.

Carole ébaucha un sourire. Elle ne parvenait pas à partager la bonne humeur de ses amis.

– Écoutez, si vous n'avez rien de particulier à faire…

– Carole ?

Une voix d'homme, grave et autoritaire, résonna dans la pièce. La gorge nouée par l'appréhension, Carole se retourna et fit face au colonel Hanson.

– Papa ?

Il la contempla si froidement qu'une bouffée de panique envahit la jeune fille.

– J'ai essayé de te prévenir, balbutia-t-elle.

– J'ai eu tes messages, déclara-t-il, le visage sombre. C'est pourquoi je suis ici, ajouta-t-il d'un ton sec.

Carole poussa un bref soupir. Elle s'attendait au pire.

– Papa, comme je te l'ai expliqué au téléphone, je me suis retrouvée coincée ici… Je n'avais pas le choix !

Son père fronça les sourcils.

– Tu n'avais pas le choix ? On a toujours

le choix, désolé. J'avais exigé que tu ne passes pas plus de deux heures ici, et voilà que...

À ce moment-là, heureux hasard, Ben et Max s'engouffrèrent dans la pièce en même temps.

– On arrive au bon moment, semble-t-il, déclara Max. Monsieur Hanson...

Il serra la main au père de Carole.

– Bonjour.

– Bonjour, Max, dit M. Hanson.

À son tour, Ben le salua poliment avant de se tourner vers Carole :

– Merci d'avoir assuré. Sans toi, le Pin Creux se serait retrouvé dans une situation vraiment difficile.

Il précisa à l'attention de M. Hanson :

– Je devais revenir avant 17 heures, mais ma nièce et moi étions chez le médecin, et on a attendu une éternité avant d'être reçus. C'est ma faute si Carole a été retardée ici. Entièrement ma faute.

Stupéfaite, Carole le regarda en silence. Depuis qu'elle connaissait Ben, c'était la première fois qu'il se montrait aussi volubile... En plus, c'était pour la défendre !

– Ce n'est pas ta faute, rectifia Max. On a tous été victimes d'un fâcheux concours de circonstances. Ben, tu devais emmener Zani chez le docteur, et ton grand-père était lui-même souffrant. De mon côté, je devais aller chercher Deborah à la gare, et son train est arrivé en retard. Quant à Bob, il était obligé d'accompagner un groupe en randonnée. Monsieur Hanson...

Il observa le père de Carole et hocha la tête d'un air embarrassé.

– Bob m'a laissé un mot pour expliquer la situation : Carole lui a clairement dit qu'elle devait rentrer avant 17 heures, mais il a insisté pour qu'elle reste, et pour cause : il y avait une leçon d'équitation à donner, une reprise à assurer, et personne sur place hormis votre fille ! Ne lui en voulez pas. Elle n'a fait qu'accomplir son devoir. En étant cavalière du Pin Creux, elle a adhéré à un code de conduite... S'il y a un problème, nous sommes tous solidaires les uns des autres.

– Je sais, marmonna M. Hanson en se radoucissant.

Il soupira et se tourna vers sa fille :

– Je passe l'éponge pour cette fois. J'ai bien compris que tu n'étais pas fautive.

– Merci, papa ! Donc je pourrai revenir monter demain ?

M. Hanson esquissa un sourire indulgent.

– Pas demain. Tu as certainement des leçons à réviser, n'est-ce pas ?

Carole baissa la tête. Et elle savait que durant le week-end, elle ne pourrait pas se rendre au Pin Creux : elle était attendue par les bénévoles de l'association Hope. L'équipe comptait sur elle, et il lui était impossible de se décommander. Par conséquent, elle ne reverrait pas Diablo avant... lundi.

– Oui, papa.

– Tu demanderas à Rachel de s'occuper de Diablo, proposa gentiment Max. Elle s'est débrouillée à merveille durant ton absence. Elle est très douée, et tout à fait responsable pour une fillette de son âge.

Croisant le regard de ses amis – Scott, Steph, Ben, Max… –, Carole sentit une étrange émotion l'envahir. Tous savaient à quel point les chevaux comptaient pour elle. Puis elle échangea un bref coup d'œil avec Ben, et lui sourit. Finalement, il était son allié… Un allié de poids. Grâce à lui, elle n'avait pas été injustement punie. Max avait parlé en sa faveur, mais sa seule intervention n'aurait pas suffi pour amadouer M. Hanson. Dès que possible, elle remercierait Ben… Et pas qu'un peu. Il était le seul à partager avec elle une telle passion pour les chevaux.

Une passion sans doute démesurée… Mais elle ne pouvait rien y changer. Rien du tout.

Chapitre 15

Vendredi après-midi, après le lycée, Steph se rendit évidemment au Pin Creux. Elle monta Arizona pendant une heure, savourant ce moment de détente absolue. Elle avait de la chance… Arizona était sa jument à elle, pour toujours !

Mais ce jour-là, la jeune fille éprouvait une telle surexcitation qu'Arizona ne cessa de s'ébrouer, comme si elle partageait ce que ressentait sa cavalière. Un mélange de fierté, de satisfaction, de triomphe, d'impatience… Steph avait réussi son pari ! Son article avait été publié dans le *Fenton Mag* ! En troisième page, certes, et non en « une » comme elle l'aurait souhaité. Malgré tout, c'était déjà une victoire.

Dès qu'Arizona fut pansée et ramenée au box, Steph partit à la recherche de sa bande de copains. Elle trouva Callie, Scott et George dans la sellerie. Tous trois discutaient à bâtons rompus… avec un exemplaire du *Fenton Mag* à la main.

– C'est génial ! s'exclama Callie à l'attention de Steph. Félicitations !

– Tu as décrit avec un certain talent, si ce n'est un talent certain, les vicissitudes des recherches en équipe ! ajouta Scott, les yeux pétillants.

– Des recherches franchement barbantes, si vous voulez mon avis, dit George, qui fréquentait Fenton Hall lui aussi. Travailler à deux sur un projet comme celui-là… Étudier le mariage et tout… Galère !

– Tu ne serais pas de cet avis si tu avais été le partenaire attitré de Callie, plaisanta Scott.

Steph fronça les sourcils. Scott – comme tout le monde, d'ailleurs – savait que George Wheeler était éperdument amoureux de

Callie. Sa blague tombait comme un cheveu sur la soupe.

– Tu as un humour vraiment très fin ! lui lança aussitôt Callie, qui partageait visiblement les pensées de Steph. Et toi ? Tu t'es bien entendu avec ta partenaire ?

Scott fit mine de réfléchir.

– Elle s'appelait comment, déjà ?

– Pff... Monsieur le bourreau des cœurs ! se moqua Steph.

Scott la regarda d'un air amusé :

– Le bourreau des cœurs ? Carrément ? Je ne savais pas que j'avais un tel succès auprès des filles !

Steph haussa les épaules. Scott faisait son malin... Elle commençait à le connaître.

– En tout cas, bravo, reprit-il. Tu as été publiée, c'est quand même super. Tu écris drôlement bien, Steph.

– Merci...

Steph sourit avec fierté. Oui, elle aimait écrire !

– Pour changer de sujet, vous êtes au courant à propos de Lisa et d'Alex ? reprit Callie. Ils ont rompu !

– Je sais, dit Steph. Alex était tout triste, hier soir. Lisa a besoin de réfléchir… S'il n'avait pas été aussi possessif, elle ne se serait pas sentie prisonnière, et elle n'aurait pas eu besoin de prendre le large !

Après un bref silence, elle ajouta :

– Grâce à ce projet d'enquête pour le lycée, j'ai appris une chose très importante : celui ou celle qu'on aime est libre ! La confiance, voilà ce qui compte… Si on se méfie de l'autre, on crée une mauvaise ambiance, et tout peut casser. Voilà.

Callie la regarda avec attention, l'air admiratif.

– Tu vas devenir notre conseillère spécialisée dans les histoires de cœur, toi !

– Jamais de la vie, répliqua Steph en riant. Ça ne m'intéresse pas. Je préfère les histoires de chevaux ! Mais Jennifer, du

Fenton Mag, ne m'a pas laissé le choix. Pour intégrer son équipe de journalistes, il fallait que j'accepte d'écrire sur ça.

– Ça ? répéta Scott en riant. C'est quoi « ça » ?

– Ce projet de travail en équipe, ces enquêtes sur le mariage... Tu le sais aussi bien que moi, poursuivit Steph. Au fait, où est Carole ? Vous l'avez vue ? enchaîna-t-elle, changeant brutalement de sujet.

– Pas aujourd'hui, répondit Callie. Hier soir, elle a failli être punie de nouveau, tu t'en souviens ?

– Mais oui..., soupira Steph.

– Donc elle n'a pas le droit de venir au Pin Creux avant lundi, ajouta Callie. Mais ce week-end, elle a un beau programme... Elle va participer à la réhabilitation d'un refuge pour animaux ! Et je crois que ça lui plaît beaucoup.

– Tu as raison, dit Steph. Carole adore rendre service à nos amies les bêtes !

Et ce serait peut-être le sujet de son prochain article…

À suivre…

EXTRAIT

Retrouve vite

Les filles de grand galop

dans

ENJEUX AMOUREUX

n° 12

EXTRAIT

Stéphanie Lake s'agenouilla devant un box où un petit chien noir et blanc sautillait frénétiquement. Le regard implorant, il jappait en remuant la queue.

– Oh, là, là, tu me fais craquer, toi ! Si seulement je pouvais t'emmener... Sauf que j'ai déjà un chien à la maison ! Lisa, tu crois que je pourrais tenter d'amadouer mes parents ? Si je leur propose d'adopter un second chien...

– Ils te diront non, affirma Lisa Atwood, logique comme toujours. Ils te feront remarquer que vous avez déjà un golden retriever... qui est un gros chien.

Steph soupira.

– Oui, Bear est plutôt gros. Trop gros même.

Elle glissa une main entre les barreaux du box, et laissa le chien lui renifler la paume avant de le caresser.

– Tu comprends, si je t'adopte, mes parents te donneront ma chambre, et ils m'enverront vivre ici ! dit-elle à l'animal. Bien que je sois une superbe fille de seize ans, plutôt intelligente, douée et tout, qui voudrait m'adopter, moi ?

Lisa éclata de rire.

– Quel numéro tu es ! Bon, si on allait aider Carole ? Je te rappelle qu'on est venues pour ça…

– Et je le sais bien !

Après avoir adressé un dernier coup d'œil au petit chien si amical, Steph suivit son amie. Toutes deux traversèrent le vaste hall encombré de cages occupées par des chiens de toutes sortes et de toutes tailles.

EXTRAIT

À mesure que les jeunes filles passaient, ils aboyaient pour attirer leur attention, quêter un regard, un geste d'affection...

Steph et Lisa se trouvaient au refuge pour animaux de Willow Creek, qui accueillait des chats et des chiens, mais parfois d'autres bêtes. Ainsi, une fois, on y avait amené un cheval !

Quelques instants plus tard, les jeunes filles débouchèrent dans une grande salle de plain-pied. En jean et T-shirt, Carole était en train de repeindre le mur en jaune, en compagnie de deux jeunes gens âgés d'une vingtaine d'années.

– Salut ! s'exclamèrent Steph et Lisa en chœur.

Carole se retourna, et un large sourire s'épanouit sur ses lèvres.

– Waouh ! Vous ici ?

Elle posa son rouleau de peinture et vint faire la bise à ses deux meilleures amies.

– Je ne m'attendais pas à vous voir !

– Sans blague ? On t'a promis qu'on passerait t'aider ! répliqua Steph d'un ton moqueur. Tu as oublié ?

Une lueur pétillante au fond des yeux, Carole hocha la tête.

– Non, mais je n'y croyais pas trop ! avoua-t-elle. C'est le début du week-end, et vous avez sûrement d'autres chats à fouetter !

– Quelle drôle d'expression dans la bouche d'une fidèle protectrice des animaux ! lança l'un des garçons en riant. Soyez les bienvenues, ajouta-t-il à l'attention de Steph et de Lisa. Nous avons toujours besoin de bénévoles !

Carole lui sourit d'un air entendu. Elle avait intégré l'équipe de volontaires de l'association Hope, qui rénovait gratuitement de vieux bâtiments, des parcs mal entretenus faute d'argent, ou des habitations délabrées. À partir de ce samedi du mois de décembre, Hope réhabilitait le refuge pour animaux de la ville, le célèbre RPA.

– Eh bien, en voici deux très motivées : Steph et Lisa. Je vous présente Louis, poursuivit Carole à l'adresse de ses amies. Et voici Alan, précisa-t-elle en désignant l'autre jeune homme. Steph et Lisa adorent les animaux autant que nous ! Et elles viennent nous donner un coup de main.

– Merci ! C'est sympa, dit Alan. On a du travail ! Les murs sont dans un état…

– En plus, on doit tout préparer d'ici le grand gala de vendredi prochain ! renchérit Carole. Dire que c'est dans moins d'une semaine ! Il faudra que ce soit tout beau, tout neuf… Magnifique, quoi. Le soir de la fête, on espère accueillir un maximum de monde pour recueillir un maximum d'argent !

– Ah, oui ! c'est le nerf de la guerre, observa Steph avec justesse. Sans financement, le refuge ne pourrait pas survivre. Dommage que je ne puisse pas écrire d'article sur ce gala !

Depuis peu de temps, elle avait rejoint la

rédaction du *Fenton Mag*, le journal de son lycée. Elle adorait être journaliste en herbe ! Elle avait déjà été publiée mais pas en première page, ce qui l'agaçait quelque peu. Elle était ambitieuse, Steph ! Aussi, apprenant par Carole que le RPA organisait un grand gala en décembre, elle avait aussitôt imaginé un bel article, illustré de photos, qui pourrait faire la une du *Fenton Mag*. Prudente, elle en avait d'abord parlé à Jennifer, la rédactrice en chef qui, ô désagréable surprise, avait refusé son projet ! Motif : une certaine Mary Zane avait proposé ce même sujet dès le mois de novembre. Steph avait été vexée comme un pou !

– Mais passons, reprit-elle d'un ton gai. Je préfère oublier le *Fenton Mag* pour l'instant. Carole, tu as des pinceaux pour nous ?

– Des rouleaux, oui ! rectifia Carole, les yeux brillants.

– Puisque tes copines sont là, on pourrait en profiter pour aller déjeuner, Alan et moi, déclara Louis à ce moment-là.

– Pas de problème, répondit Carole. À tout à l'heure !

– Ils ont l'air sympas, commenta Lisa une fois que les deux bénévoles eurent quitté la pièce.

– Très. D'ailleurs, tous les volontaires de Hope le sont, confia joyeusement Carole. Grâce à ma punition, j'ai rencontré plein de nouveaux amis ! C'est quand même drôle…

En effet, si elle travaillait pour Hope, c'était parce que Mme Durbin, le proviseur de son lycée mais également la directrice de l'association, lui avait proposé un marché : Carole avait triché lors d'un contrôle d'histoire, et au lieu de la sanctionner avec sévérité, Mme Durbin lui avait suggéré de se rendre utile afin de se faire pardonner. Carole avait déjà participé à la rénovation d'une aire de jeux pour enfants durant les vacances, et l'expérience lui avait beaucoup plu.

– La grande fête de vendredi prochain sera sûrement super, ajouta-t-elle. J'ai des invitations pour vous. J'espère que vous viendrez !

– Quelle question... Mais avec qui viendrons-nous ? poursuivit Steph d'un ton malicieux. Plus précisément, qui accompagnera Lisa ?

Elle se tourna vers leur amie et lui sourit d'un air perplexe.

– Puisque tu ne sors plus avec Alex...

Le visage de Lisa se rembrunit. Alex – le frère jumeau de Steph – avait été son petit ami pendant quelque temps, mais récemment, tous deux avaient rompu.

– Eh oui, on est séparés, dit-elle. C'est la vie, non ? Peut-être qu'on se retrouvera... Peut-être pas. Une chose est sûre : j'ai besoin d'être seule.

– Moi aussi, je serai seule, intervint Carole. Ce n'est pas un problème, que je sache.

– Bien sûr que non, fit Steph en haussant les épaules. L'essentiel est de s'amuser !

EXTRAIT

– Mais aujourd'hui, on est ici pour travailler, souligna Lisa. On commence à peindre, oui ou non ?

– Tout de suite ! s'exclama Carole. Tenez…

Elle leur tendit des rouleaux tout neufs, et expliqua :

– Et pour la peinture, c'est du jaune. Au programme du jour : les murs de la salle de jeux !

– La salle de jeux ? répéta Steph, stupéfaite. J'ignorais qu'il y avait une salle de jeux au refuge. Et à quoi joue-t-on ?

Carole observa son amie d'un air rieur :

– À « Tu veux être mon animal de compagnie ou pas ? » Et ça se passe dans la salle de jeux. Les personnes qui veulent adopter un animal y passent un moment afin de faire connaissance avec leur futur protégé. Normalement, il y a des chaises, des bancs, des coussins, des balles… et des jouets pour animaux.

EXTRAIT

– Évidemment, dit Steph en soupirant. Suis-je bête ! J'avais oublié. En ce moment, j'ai le cerveau troué comme du gruyère !

– Il n'y a pas qu'en ce moment, se moqua Carole.

Les trois amies éclatèrent de rire.

Les filles de Grand Galop

1. Accident de parcours
2. Rêves d'été
3. Un choix difficile
4. Secrets et mensonges
5. Confidences et vérités
6. Accords et désaccords
7. Conséquences inattendues
8. Obstacles imprévus
9. États d'âme
10. Missions secrètes
11. Championnes dans l'âme
12. Enjeux amoureux
13. Un cheval de rêve
14. Doutes et confusions
15. Une passion pour la vie
16. Incendie !
17. Renaissance
18. Nouvelle vie
19. Danse avec les chevaux
20. La roue tourne
21. Défi
22. Le temps des épreuves
23. Sauver Kiowa